AX 인공지능 대전환시대

챗GPT

C hat GPT

업무에서
바로 써먹는 생성형 AI 활용

김명석 지음

★
(주)광문각출판미디어
www.kwangmoonkag.co.kr

서문

최근 신흥 부자들 중에는 예전에는 상상할 수 없었던 의외의 캐릭터가 많다. 방송에 나와서 줄곧 먹기만 한다거나 게임하는 모습을 생중계하며 떠드는 사람들이 수백만 명의 구독자를 거느린 신흥 부자가 되는 세상이다. 만화만 그리던 친구가 웹툰 작가로, 여행만 다녔던 친구가 여행 유튜버로 크게 성공할 것이라고 과거에는 아무도 상상하지 못했다. 자신이 좋아하는 일을 하면서 부자가 되는 시대, 내가 하고 싶은 일에 몰두하며 부자가 되는 꿈같은 시대가 도래했다.

이러한 시대적 환경을 잘 이용해서 부자가 된 이들의 공통점은 자신이 좋아하는 일을 단순히 소비만 하는 것이 아니라 콘텐츠로 만들고 많은 사람과 공유한 것이다. 많은 사람이 즐겁게 일하면서 동시에 부자가 되기를 꿈꾼다. 그러나 멋진 아이디어가 떠올라도 콘텐츠 제작 능력이 부족하다면 좌절감을 느끼기 마련이다. 번뜩이는 아이디어를 함께 나누고, 언제나 곁에서 도움을 줄 수 있는 똑똑한 비서가 있다면 얼마나 좋을까?

'챗GPT'로 알려진 생성형 AI의 등장으로 우리가 요청한 콘텐츠를 마치 마법처럼 만들어 낼 수 있게 된 지금, 광범위한 지식과 실시간 정보를 바탕으로 글, 그림, 음악, 영상 등 창의적인 작업까지 가능하게 되었다. 이제 우리 곁에는 AI라는 똑똑한 비서가 함께한다. 우리의 비서를 제대로 활용하기 위해서는 AI에게 명확하고 적절하게 요청하며 소통하는 것이 중요하다. 이 책은 일상생활부터 업무 자동화, 나아가 수익 창출을 위한 콘텐츠 개발에 이르기까지 다양한 상황에서 AI를 효율적으로 활용하는 방법을 소개한다. 독자들이 AI와의 협업을 통해 자신의 목표를 이룰 수 있도록 실질적인 조언과 가이드를 제공하고자 한다.

그뿐만 아니라, 이 책은 교육 분야에서 AI를 활용하는 방안에 대해서도 심도 있게 다룬다. 예를 들어, 학생 개개인의 학습 속도와 이해도를 파악해 맞춤형 학습 지도를 할 수 있는 교육용 AI 챗봇을 개발하는 방법과 이를 교육 현장에 적용하는 과정을 상세히 설명한다. 또한, 교과별로 AI를 활용한 수업 방법을 제시하여 교사들이 보다 효과적으로 에듀테크 수업을 진행할 수 있도록 도움을 줄 수 있다. AI 시대를 살아가는 우리에게 이 책이 AI와 함께 성장하고 발전할 수 있는 길잡이가 되기를 바란다.

김명석

목차

4장 깊이 있는 수업을 위한 AI 활용   185

1장

일상생활에서의
AI 활용

1. 가장 효과적인 AI 도구 선택하기

OpenAI가 출시한 "챗GPT" 서비스는 출시 한 달 만에 전 세계에서 1억 명이 넘는 사용자를 확보하며 큰 성공을 거뒀다. 이러한 성공에 자극받은 많은 기업들이 AI 서비스 경쟁에 뛰어들었고, 현재는 '챗GPT' 외에도 클로드, 제미나이, 제스퍼, 뤼튼, 클로바 X 등 다양한 AI 서비스들이 시장에 출시되고 있다.

특히 디지털 기술을 선도하는 대기업들이 개발한 AI서비스들은 다양한 부가 기능을 제공하고 결과물의 품질도 뛰어나 많은 사용자들의 관심을 받고 있다. 그중에서도 자체적으로 AI를 개발한 메이저 기업들의 주요 AI 모델을 비교해 보면 다음과 같은 특징이 있다.

구분	챗GPT (ChatGPT)	제미나이 (JEMINI)	클로드 (Claude)
URL	chat.openai.com	gemini.google.com	claude.ai
개발사	OpenAI	Google AI	Anthropic
출시일	2022년 11월	2023년 10월	2023년 5월
최신모델 업데이트일	GPT-4o 2024.05.13.	Gemini 1.5 Pro 2024.05.14.	Claude 3 2024.03.14.
특징	▪ 이미지, 영상, 오디오, 파이썬 등 다양한 형식의 입출력 지원 ▪ GPTs로 다양한 챗봇 생성 및 사용 가능(무료회원은 사용만 가능) ▪ 회원가입 없이 사용가능 (GPT-3.5)	▪ 속도면에서 빠르고 웹검색과 연동이 잘 되며 답변의 출처 제공 ▪ 기존 구글 서비스와 연계하여 답변 가능 (구글 드라이브, 유튜브)	▪ 언어 표현이 풍부하여 글쓰기 능력이 탁월함 ▪ 글쓰기, OCR, 코딩, 수학 능력 뛰어남
특징을 살린 프롬프트 예시	"영어공부 도와줘 지금부터 한국어를 얘기하면 영어로 통역하고 영어를 얘기하면 한국어로 통역해 줘"	"구글 드라이브에 있는 2024 경제전망 문서를 참고하여 창업 아이디어 5가지 알려주고 유튜브에서 관련 영상 5개 찾아 줘"	"홍길동전 이야기를 유치원생 말투로 해 줘"
챗봇 이용가격	무료 / 유료 (₩27,000/월)	무료 / 유료 (₩29,000/월)	무료 / 유료 (₩27,000/월)
모델&가격(월)	▪ GPT-3.5/4o(기능제한) : 무료 ▪ GPT 모든 모델: $20/월	▪ 1.0Pro: 무료 ▪ 1.5Pro: $20/월	▪ Sonnet: 무료 ▪ Opus: $20/월
실시간 웹검색	가능	가능	불가

멀티모달	▪ 무료 버전: 이미지해석 가능 ▪ 유료 버전: 이미지해석 및 생성 가능	▪ 무/유료 버전: 이미지 해석 및 생성 가능	▪ 무/유료 버전: 이미지 해석 가능 (이미지생성 불가)
API 가격 입력/출력 가격 (1M토큰당가격)	[유료] ▪ GPT-4o: $5 / $15 ▪ GPT-4터보: $10/$30 ▪ GPT-3.5터보: $0.5/$1.5	[무료] (제한량) ▪ Gemini1.0: 분당요청수 15, 일일요청수 1500 [유료] 입력 / 출력 가격 ▪ Gemini1.5Pro: $0.35/$1.05	[유료] 입력 / 출력 가격 ▪ Opus: $15/$75 ▪ Sonnet: $3/$15 ▪ Haiku: $0.25/$1.25

　세 가지 AI 모델은 모두 고도의 학습을 거쳐 개발되었지만 각자 특화된 영역이 다르다. 회원 가입을 하면 모두 무료로 사용할 수 있어, 사용 목적에 따라 적합한 모델을 선택하여 활용하는 것이 효과적인 방법이다.

　하지만 각 모델의 최상위 버전으로 최고의 성능과 고급 기능을 사용하려면 유료 구독이 필요하다. 예를 들어, 챗GPT 무료 이용자의 경우 최신 AI모델인 GPT-4o를 사용할 수 있지만 한도 및 기능 제한이 많은 반면에 챗GPT 유료 사용자는 이미지, 동영상, 문서 등을 챗봇에 업로드하여 분석할 수 있고, 원하는 이미지를 생성할 수도 있다. 또한, GPTs로 특정 분야에 특화된 챗봇을 다양하게 만들어 사용할 수 있는 등 챗GPT가 지원하는 다양한 기능을 모두 사용할 수 있다.

　만약 유료 결제는 하고 싶지 않지만 위와 유사한 기능들을 사용하고 싶다면, MS 코파일럿이 좋은 대안이 될 수 있다. MS 코파일럿은 마이크로소프트가 챗GPT의 기술을 접목하여 만든 AI 챗봇으로 챗GPT에서 유료 사용자에게만 제공하는 많은 기능을 무료로 이용할 수 있다. 게다가, MS 코파일럿은 챗GPT의 무료버전인 GPT-3.5에 비해 더 발전된 GPT-4.0 기술을 사용하고 있어, 더욱 정교한 언어 이해와 처리 능력을 갖추고 있다. 이로 인해 사용자는 질문이나 요청에 대해 보다 정확하고 심층적인 응답을 받을 수 있으며, 더 높은 품질의 결과물을 얻을 수 있다.

　따라서 AI 챗봇을 처음 접하는 사람들에게는 비용도 들지 않고 다양한 AI 기능을 사용할 수 있으며, 향상된 언어 처리 능력까지 갖춘 MS 코파일럿을 추천한다.

2. MS 코파일럿 3가지 실행 방법

MS 코파일럿(Copilot)을 사용하기 위해서는 Microsoft 계정이 필요하다. Microsoft
에 회원 가입을 하면 다음 3가지 방법으로 MS 코파일럿을 실행하여 사용할 수 있다.

1) 윈도우 작업표시줄에서 실행하기 (단축키: 윈도우+C)

윈도우 PC를 사용하는 사람들이라면 이미 자신의 PC에 MS 코파일럿이 설치되
어 있을 것이다. 윈도우가 업데이트되면서 AI 기능을 윈도우에 통합해 버렸기 때
문에 별도의 사이트에 접속하지 않아도 된다.

윈도우 트레이바에 있는  아이콘을 클릭하거나 단축키 'Win+C'를 누르면 윈
도우 창 오른쪽에 사이드바 형태로 MS 코파일럿 챗봇이 실행된다.

2) 웹브라우저에서 실행하기 (주소: copilot.microsoft.com/)

MS 코파일럿은 크롬 등의 웹브라우저에서도 사용할 수 있는데 엣지 브라우저에서 접속하면 더욱 편리하게 이용할 수 있다. 엣지 브라우저 우측 상단에 코파일럿 실행 버튼이 처음부터 내장되어 있기 때문에 주소를 따로 입력할 필요 없이 버튼을 클릭하면 브라우저 내에서 사이드바 형태로 챗봇이 실행된다. 사이드바는 웹서핑 중에도 언제나 옆에 두고 활용할 수 있다.

3) 휴대전화/태블릿에서 Copilot 앱 실행하기

- 안드로이드, 아이폰, 아이패드 등 모든 기종의 휴대전화 및 태블릿에서도 MS 코파일럿 앱을 설치해서 사용 가능하다.

3. 웹브라우징 기능으로 MS 코파일럿 제대로 사용하기

1) 일반적으로 생성형 AI는 과거의 학습한 자료를 바탕으로 답변을 만들어 낸다. 하지만 MS 코파일럿은 웹브라우징 기능을 통해 인터넷에서 실시간 정보를 찾아 사용자의 요청에 답변을 할 수 있다. 특히 엣지 브라우저에서 MS 코파일럿을 실행하고 특정 사이트에서 '페이지 요약 생성' 버튼을 클릭하면 쉽게 웹사이트를 요약하고 분석할 수 있다.

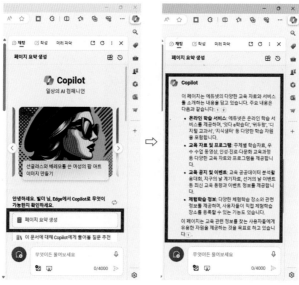

2) MS 코파일럿은 일반 웹사이트뿐만 아니라 뉴스, 유튜브 동영상도 간편하게 요약/ 분석할 수 있다.

-뉴스 기사 페이지-

-유튜브 동영상 페이지-

1장 일상 생활에서의 AI 활용

2장 업무 자동화를 위한 AI 활용

3장 콘텐츠 개발 및 수익화를 위한 AI 활용

4장 돈이 되는 수익화를 위한 AI 활용

3) 업무 메뉴얼 등의 PDF 파일도 엣지 브라우저에서 열기로 실행한 후 '이 문서에서 ~ 하는 방법 알려줘'라고 질문하면 궁금한 항목의 메뉴얼을 훨씬 쉽게 파악할 수 있다.

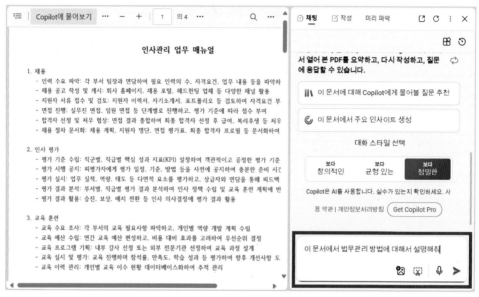

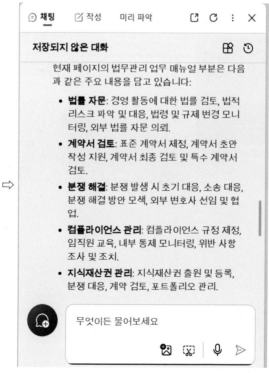

4) MS 코파일럿은 브라우저에서 실행되는 모든 문서를 분석할 수 있다. 만일 엑셀 파일을 분석하고 싶다면, PDF 파일로 변환하여 브라우저에서 실행한 후 필요한 내용을 요청할 수 있다. 예를 들어, 회사의 재무제표 엑셀파일을 PDF로 저장하고 브라우저에 띄운 후 '이 문서에서 회사의 성장성에 대해 분석해 줘'라고 요청하면 빠르게 재무제표를 파악하고 인사이트를 얻을 수 있다.

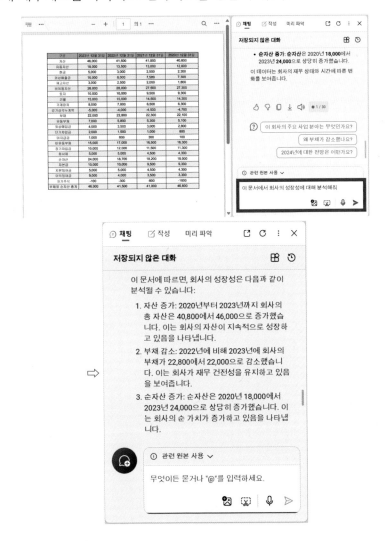

교과서나 논문 등 PDF로 된 다양한 문서를 분석할 수 있고 더 나아가 생성된 결과물을 바탕으로 수업 지도안이나 시험 예상 문제를 작성하거나 어려운 논문 보고서를 초등학생 수준으로 쉽게 재작성하도록 요청할 수도 있다.

이렇게 새로운 문서 작성을 요청할 때에는 좋은 답변을 얻을 수 있도록 좋은 질문을 해야 한다. MS 코파일럿에서 좋은 질문을 하기 위한 5가지 질문(프롬프트)의 방법은 다음과 같다.

첫 번째, 대화 스타일 선택

- 대화 시작 전에 원하는 결과물의 성격에 따라서 세 가지 대화 스타일 중의 적절한 스타일을 선택하고 질문한다. 예를 들어, 특정 분야의 아이디어가 필요하다면 '창의적인' 대화 스타일을 설정하고, 사실적인 결과물이 필요하다면 '정밀한' 대화 스타일을 선택하는 것이다.

두 번째. 구체적으로 지시한다.

- 진짜 사람에게 말하듯이 원하는 결과물에 대해 육하원칙을 참고해서 구체적으로 요청한다.

과학 실험에 사용할 수업 지도안을 만들어 줘 ⇨	6하원칙	프롬프트
	누가	나는 중학교 과학교사야
	언제/어디서	수업 시간에 실험실에서
	무엇을	광합성 실험을 하려고 해
	왜	안전하고 재미있는 실험 실습을 위한 수업 지도안이 필요해
	어떻게	이 주제에 적합한 주제를 2가지 정해서 수업 지도안을 만들어 줘. 예시 : ~

세 번째. 하나의 주제에 대해 대화를 이어서 한다.

- AI 챗봇의 가장 큰 특징 중의 하나는 이전 대화 내용을 기억하고 맥락을 이해하는 것이다. 그러므로 처음에는 큰 틀의 초안을 작성하게 하고, 결과물을 보면서 추가적인 지시를 통해 결과물의 완성도를 높이는 게 효과적이다. 예를 들어, 위의 질문을 통해서 결과물이 생성되었다면 추가적으로 다음과 같이 요청할 수가 있다.

"위의 수업지도안에 준비물, 주의 사항을 추가해서 수업 지도안을 표로 만들어 줘"

- 만일 처음 주제와 벗어난 새로운 주제에 대한 문서 요청을 해야 할 경우에는 새토 픽 버튼을 클릭해서 새로운 대화창에서 처음부터 새롭게 대화를 시작해야 챗봇이 혼란 스러워하지 않고 좋은 답변을 줄 수 있다.

네 번째. 질문받기

- 문서를 생성하기 위해 일방적으로 요청만 할 것이 아니라 필요한 정보를 나에게 되물어 보게 하면 놓치는 부분 없이 좀 더 완성도 있는 결과물을 얻을 수 있다.

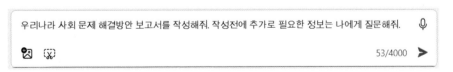

다섯 번째. 프롬프트 개선하기

- 좋은 답변을 얻기 위한 좋은 질문을 AI 챗봇에 맡길 수도 있다. 어떻게 프롬프트를 작성할까 고민할 필요 없이 원하는 바를 대충 입력하고 프롬프트를 개선해 달라고 챗봇에 요청하는 것이다.

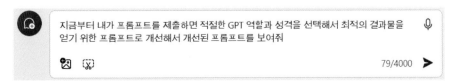

4. 멋진 이미지 생성을 위한 프롬프트 작성하기

MS 코파일럿은 DALL·E 3를 이용해서 이미지를 만들 수 있다. DALL·E 3은 텍스트로 이미지를 생성할 수 있는 챗GPT 유료 서비스인데 MS 코파일럿에서는 무료로 이용할 수 있다. DALL·E 3는 이전 버전인 DALL·E 2에 비해 훨씬 더 많은 문맥과 세부 사항을 이해할 수 있으며, 이를 기반으로 사용자의 아이디어를 매우 정확한 이미지로 쉽게 변환할 수 있다.

사용 방법은 입력창에 원하는 이미지를 만들어 달라고 요청만 하면 된다. 원하는 이미지를 제대로 얻으려면 '주제, 배경, 분위기, 색감, 앵글, 조명, 재료, 재질, 아티스트, 스타일' 등의 10가지 이미지 요소를 참고해서 구체적으로 묘사를 해야한다.

1) '주제'는 사람, 사물, 동물 등 가시적인 대상부터 기억, 행복 같은 추상적 개념까지 자유롭게 정할 수 있다. 예컨대 장난감 회사에서 캐릭터 사진이 필요하다면 "귀여운 캐릭터 그려 줘"라고 요청할 수 있다.

2) '배경'을 더하면 디테일이 살아난다. 실내, 야외 등 구체적 장소부터 추상적 상황까지 묘사가 가능하다.

"산을 배경으로 공룡 캐릭터 그려 줘"

3) '분위기' 요소로 강렬함, 따뜻함, 신나는 등 작품의 느낌을 표현할 수 있다.

"신나는 분위기의 공룡 캐릭터 그려 줘"

4) '색감'은 붉은색, 파란색 등의 특정 색깔뿐만 아니라 활기찬, 조화로운, 차분한 등
   의 분위기로 색감을 지정할 수도 있다.

   "신나는 분위기의 붉은색 공룡 캐릭터 그려 줘"

5) '앵글'은 카메라가 사물을 바라보는 각도를 의미한다. 로우 앵글, 하이 앵글, 클로 즈업 등의 카메라 앵글을 활용하면 영화 같은 연출도 가능하다.

"하이 앵글로 붉은색 공룡 캐릭터 그려 줘"

6) '조명'은 주제를 돋보이게 하거나 그림자 등을 연출하는 요소이다.

"스포트 라이트를 받은 공룡 캐릭터 사진 그려 줘"

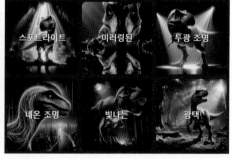

7) '재료'는 주제를 표현할 물질을 의미한다. 연필, 물감 등 일반적 재료뿐 아니라 금 속, 유리, 나무 등 다양한 물질로 주제를 재해석할 수 있다.

"케이크로 만든 공룡 캐릭터 그려 줘"

8) '재질'은 재료와 비슷하지만 촉각적 질감에 초점을 맞춘 요소다. 울퉁불퉁, 거칠음, 엠보싱, 부드러움 등 다양한 표현이 가능하다.

"강철같이 단단한 공룡 캐릭터 사진 그려 줘"

9) '작가' 요소를 통해 유명 화가나 만화가의 스타일을 차용할 수도 있다.

"공룡 캐릭터를 월트디즈니 스타일로 그려 줘"

10) '스타일'은 픽셀 아트, 스티커, 종이접기, 초현실주의 등 작품의 시그니처가 될 특징적 표현 방식이다.

"장난감 회사에서 사용할 공룡 캐릭터를 종이접기 스타일로 그려 줘."

이렇듯 코파일럿에서는 다양한 요소를 프롬프트에 담아 섬세하 게 이미지를 표현할 수 있다. 직접 프롬프트를 만드는 것이 힘들다

이미지빌더
https://imgbuild.netlify.app

면 다른 사람이 만든 우수한 작품의 프롬프트를 참고해서 핵심 부분만 바꿔 쓰는 것도 요령이다. IMAGE BUILD 사이트에는 그리기에 참고할 만한 훌륭한 작품 및 프롬프트 가 공유되어 있다. 다양한 그리기 요소와 예시 자료가 풍부하게 있으니 AI 이미지를 생 성할 때 활용해 볼 것을 추천한다.

이제 그리기 실력이 부족한 사람이라도 상상력만 있다면 누구나 고퀄리티의 이미지 를 만들 수 있다. 제품 이미지부터 교육 자료, 프레젠테이션 자료까지 업무에 필요한 이 미지를 저작권 걱정 없이 사용할 수 있으니 상상력을 마음껏 발휘해서 멋지고 유용한 이미지를 만들어 보자.

5. 멀티모달 기능으로 이미지 활용 능력 업그레이드하기

MS 코파일럿은 텍스트뿐만 아니라 이미지 생성, 분석 등 여러 형태의 입력과 출력을 처리할 수 있는 멀티모달 기능이 지원된다. 이미지 분석 방법은 입력창 아래에 있는 이미지 추가 아이콘을 클릭하여 이미지를 첨부하고 분석을 요청할 수 있다.

예를 들어, 공항 전광판 사진을 올리고 "이미지를 설명해 줘"라고 하면 코파일럿이 사진을 분석해서 설명을 제공한다. 보다 더 구체적인 정보를 얻으려면 "전광판에 표시된 시간과 도시를 목록으로 설명해 줘"와 같이 구체적으로 요청해야 한다.

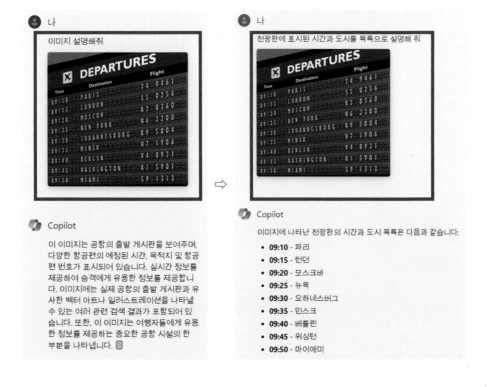

이미지에 대한 분석 요청을 단계별로 지시할 수도 있다. 예를 들어, 휴지 사진을 올리고 "이 휴지가 언제쯤 떨어질까?"라고 물으면, 엉뚱한 답변이 나올 수 있다. 하지만 코파일럿이 해야 할 일을 단계별로 나누고 구체적으로 지시하면 원하는 답변을 얻는 데 도움된다.

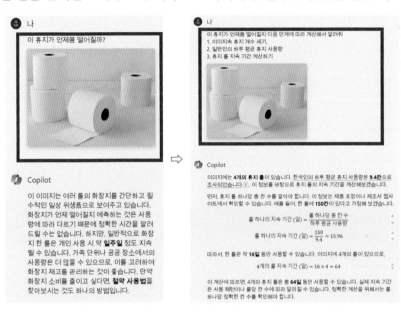

블로그 포스팅을 요청할 때에도 마찬가지다. 그냥 "이 자전거 사진으로 블로그 글 써 줘"라고 하면 장황하고 두서없는 내용이 나온다. 하지만 "이 사진을 바탕으로 제품 설명과 사용 후기를 포함해서 흥미로운 블로그를 작성해 줘"라고 구체적으로 요청하면 좀 더 완성도 높은 형식과 내용의 글을 받을 수 있다.

멀티모달 기능은 인테리어 개선에도 유용하게 사용할 수 있다. 예를 들어, 사무실 사진을 첨부하고 개선할 내용과 이미지를 요청하면 현재 사무실의 문제점을 설명하고 개선된 모습의 인테리어 사진을 만들어 준다.

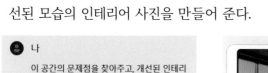

 Copilot

이미지를 분석한 결과, 공간의 문제점은 다음과 같습니다:

- **정돈되지 않은 환경**: 물건들이 산재해 있어 공간 활용이 비효율적입니다.
- **케이블 관리 부족**: 바닥에 있는 케이블들이 넘어질 위험을 증가시킵니다.

개선된 인테리어 디자인을 그려드리겠습니다. 잠시만 기다려 주세요.

"An upgraded version of the current office space with..."

 Designer   DALL·E 3에서 구동   12

이처럼 MS 코파일럿의 멀티모달 기능은 업무에 필요한 이미지 분석과 활용을 손쉽게 해주는 강력한 도구이다. 프롬프트를 구체적이고 명확하게 지시하는 요령만 익힌다면 누구나 이미지를 활용하여 쓸모 있는 결과물을 얻을 수 있다.

1장 일상 생활에서의 AI 활용

2장 업무 자동화를 위한 AI 활용

3장 콘텐츠 개발 및 수익화를 위한 AI 활용

4장 깊이 있는 수업을 위한 AI 활용

6. 플러그인으로 AI 기능 확장하기

MS 코파일럿은 기본 기능을 확장할 수 있는 다양한 플러그인을 제공한다. 플러그인 은 외부 서비스와 MS 코파일럿을 연결하여 특정 분야에서 보다 더 전문적이고 구체적 인 정보를 활용할 수 있게 해 준다. 플러그인을 사용하려면 플러그인 메뉴에서 원하는 플러그인의 스위치를 켜면 된다.

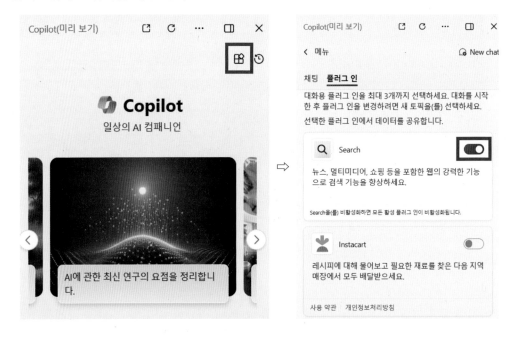

플러그인 스위치는 'Search'를 제외하고 한 번에 3개까지 켤 수 있다. 'Search'는 MS 코파일럿이 웹 검색을 할 수 있도록 하는 기능으로 이 스위치를 끄게 되면 플러그 인 기능을 사용할 수 없으니 기본값으로 항상 켜 놓고 다른 플러그인을 사용해야 한다. 대표적인 플러그인을 세 가지만 살펴보자.

1) '인스타카트(Instacart)'는 요리에 특화된 플러그인이다. 인스타카트를 켜고 "토마 토 스파게티 만드는 법"이라고 물으면 코파일럿은 토마토 스파게티의 상세 레시피

와 함께 필요한 재료를 구매할 수 있는 '인스타카트' 링크를 제공해 준다. 해당 링크에 접속하면 필요한 재료가 모두 담겨 있는 인스타카트 장바구니에 연결된다.

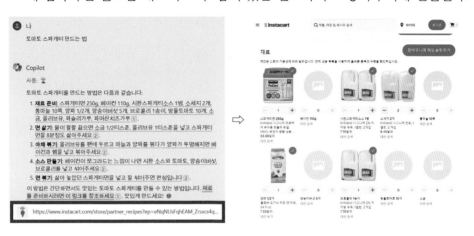

인스타카트는 미국의 온라인 식료품 판매 및 배달 서비스 플랫폼으로 우리나라에서 이용하는 것은 어렵지만 해당 링크를 통해 구체적으로 어떤 재료가 필요한지 한눈에 파악해 볼 수 있기 때문에 요리 재료를 준비할 때 도움이 될 수 있는 서비스이다.

음식 사진을 찍고 "요리 레시피"를 물어보거나, "신장 170cm, 체중 50kg의 20세 남성이 한 달에 5kg 늘리기 위한 식단", "채식주의자를 위한 식단 추천" 등 '인스타카트' 플러그인을 이용하면 요리에 관한 다양한 질문에 구체적이고 실용적인 답을 얻을 수 있다.

2) '카약(Kayak)' 플러그인은 여행 관련 정보를 제공한다. "특정 조건에 맞는 휴양지 추천" 등을 요청하면 코파일럿은 '카약'의 데이터를 기반으로 조건에 맞는 항공권 과 숙박을 고려한 최적의 여행 정보를 제공한다.

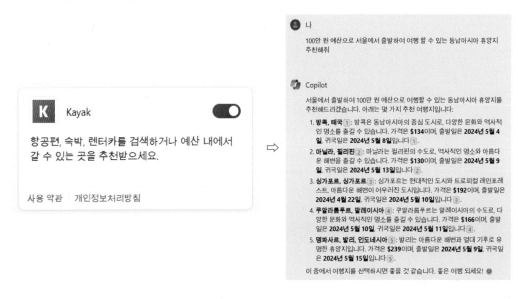

'카약(Kayak)' 플러그인은 여행 정보뿐만 아니라 해당 여행을 위해 실제 구매 가능 한 항공권 구매 링크까지 제공한다.

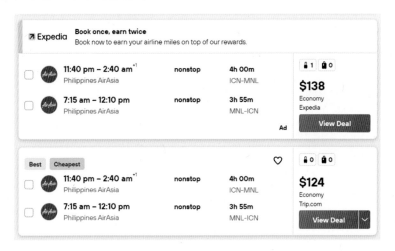

3) '스노(Suno)'라는 플러그인은 노래 제목과 스타일만 정해 주면 몇 초 만에 가사와 음악이 생성되고 수준 높은 노래를 만들어 준다.

노래 생성이 완료되면 재생 버튼이 표시되어 생성된 결과물을 채팅 화면에서 곧바로 확인해 볼 수 있다.

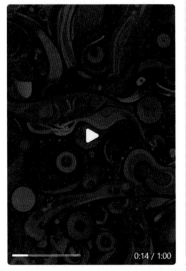

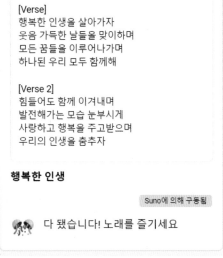

노래 만들기를 멀티모달 기능과 융합하여 특정 이미지를 업로드하고 이미지에 어울리는 노래를 요청하면, 이미지 분위기를 분석해 그에 걸맞은 맞춤형 노래를 생성할 수도 있다.

직접 가사를 쓰고 싶다면 Suno 홈페이지에서 '사용자 정의모드 (Custom)' 스위치를 켠 상태로 가사를 입력하고 원하는 음악 스타일과 버전을 선택하면 된다. 가사를 입력할 때 'Verse - pre chorus - chorus'로 단계를 나누면 음악의 전개가 훨씬 더 깔끔해진다. 음악 스타일은 'K-pop, piano, rock, classic, metal, balade, female voice' 등을 지정할 수 있고 만일 가사없이 음악만 만들고 싶다면 입력창 아래에 '악기(Instrumental)' 스위치를 켜고 'Create' 버튼을 누르면 된다.

Suno
suno.com

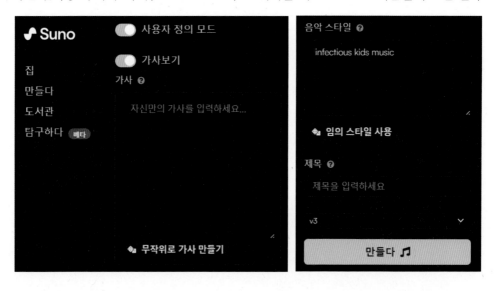

Suno 서비스는 기존의 부정확하고 기계적인 음색의 한계를 뛰어넘어 매우 자연스럽고 창의적인 음악 콘텐츠를 쉽게 만들 수 있게 한다. 작사, 작곡에 관한 전문 지식이 없이도 누구나 자신만의 노래를 만들 수 있기 때문에 음악 창작에 대한 접근성을 높이고, 창의적인 영감과 다양한 음악을 만들 수 있는 기회를 제공한다.

이렇듯 MS 코파일럿과 플러그인을 적재적소에 활용하면 과제 해결에 필요한 핵심 정보를 보다 더 정확하게 참고하여 사용자가 원하는 완성도 높은 결과물을 얻을 수 있다.

2장

업무 자동화를 위한 AI 활용

1. 숏웨이브 AI를 활용하여 효과적으로 이메일 업무하기

우리는 매일 쏟아지는 이메일을 확인하고 처리하느라 많은 시간과

숏웨이브
shortwave.com

에너지를 소모하고 있다. '숏웨이브'를 사용하면 이메일 관련 업무 시간을 단축하고 에너지 소모를 최소화할 수 있다.

'숏웨이브'는 이메일을 효율적으로 관리할 수 있는 AI 이메일 관리 서비스이다. 숏웨이브를 이용하면 각종 이메일 업무에 'AI 어시스턴트'의 도움을 받을 수 있다. 주요 활용 방법 3가지를 살펴보자.

1) 숏웨이브에 지메일 계정으로 로그인을 하면 지메일에서 받은 모든 이메일이 숏웨이브의 메일함에 연동되어 표시된다. 이메일 제목을 클릭하면 우측 사이드바 형태로 내용이 표시되어 빠르게 메일을 열람할 수 있고, 우측 상단의 'AI 어시스턴트'를 이용하면 이메일을 요약하거나 해당 메일에 대한 답장도 AI 어시스턴트로부터 제안받을 수 있다.

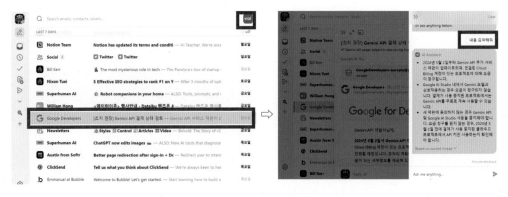

2) 영어로 된 메일도 "한국어로 번역해 줘"라고 하면 금세 우리말로 번역된다. 이에 대한 답장 역시 영어로 작성해 주므로 글로벌 커뮤니케이션에도 큰 도움이 된다.

3) "이 메일에서 할 일 추출해 줘"라고 요청하면 메일에 담긴 내용을 할 일로 리스트 화하여 정리해 준다. 만약 할 일 일정을 구글 캘린더에 저장하고 싶다면 "해당 일 정을 내 캘린더에 추가해 줘"라고 요청한다. 할 일 일정이 구글 캘린더에 자동으로 등록된다.

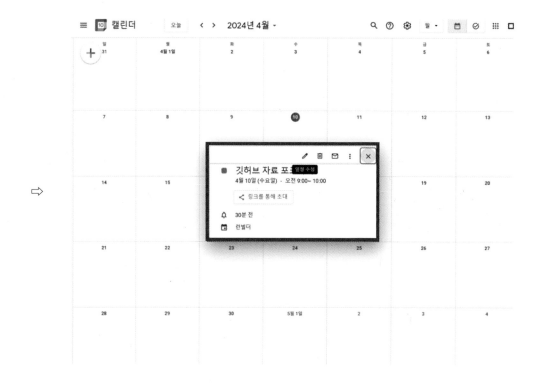

이처럼 숏웨이브를 활용하면 단순 반복적인 메일 확인과 스케줄 관리를 자동화할 수 있다. 메일의 분류, 요약, 번역, 일정 추출 등에도 AI를 활용하면 업무 효율이 크게 높아질 것이다.

2. 설문지 확장 프로그램으로 응답자에게 메일, 문자 전송 자동화하기

업무를 진행하다 보면 설문지를 통해 고객의 문의 사항을 접수 받고, 접수 여부를 이메일로 응답해 줘야 하는 경우가 있다. 접수된 문의 사항을 일일이 확인하고 해당 이메일로 알려 주는 일은 시간도 오래 걸리고 단순 반복되는 잡무 중 하나이다. 하지만 지금부터 소개할 방법을 활용하면 이러한 잡무로 보내는 시간을 크게 줄일 수 있다.

[답신 메일 전송 자동화]

1) 우선 구글 설문지에서 '고객 문의'라는 제목으로 새 설문지를 만들어 보자. 이름, 이메일, 문의 사항 등 필요한 항목을 추가한다.

2) 설문지를 만들었다면 자동 메일 발송을 위한 확장 프로그램을 설치할 차례다. 설문지 편집 화면 우측 상단의 보내기 버튼 옆에 더보기 아이콘을 클릭하고 부가 기능 설치하기를 클릭한 후 'Email Notification for Forms'를 검색해서 설치한다.

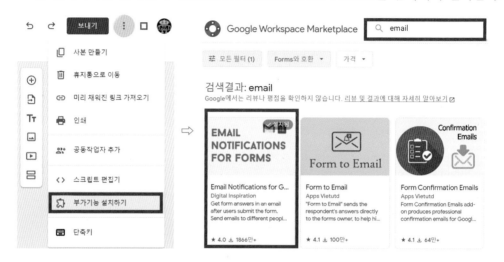

3) 설치가 완료되면 우측 상단의 🔧 부가 기능 아이콘을 클릭하고 방금 설치한 확장 프로그램을 선택한 후 'Open App' 메뉴를 클릭한다. 만일 'Open App' 메뉴가 보이지 않는다면 새로 고침 후 다시 시도해 보자.

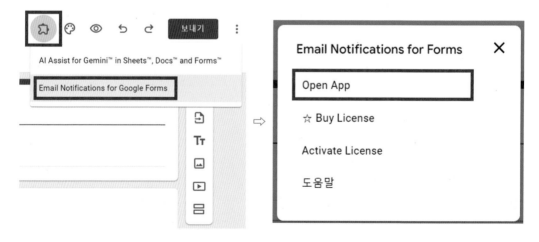

4) 이제 'Create' 버튼을 누르고 'Email Notification'을 선택하면 본격적으로 총 3단계의 설정 과정으로 이메일 알림 설정을 할 수 있다.

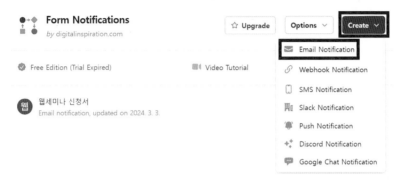

5) 첫 단계에서는 알림 설정 제목, 보낸이 이름, 이메일 제목, 이메일 내용을 작성한다. 이때 이메일 제목과 내용에는 중괄호 {{ }} 를 사용해서 설문 문항의 응답을 변수처럼 삽입할 수 있다. 또한, 이메일 내용에는 회사 로고 등의 이미지도 자유롭게 추가할 수 있다. 내용 입력이 완료되었으면 'Continue' 버튼을 클릭한다.

6) 두 번째 단계에서는 메일을 받을 사람을 선택한다. 수신자의 이메일 주소를 담고 있는 설문 문항을 지정하면 된다.

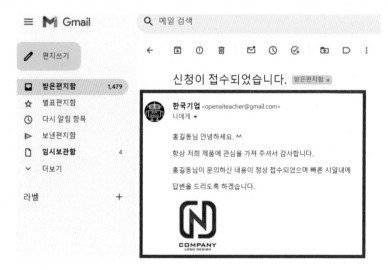

7) 마지막으로 첨부 파일을 설정할 수 있다. 구글 드라이브의 파일 주소를 넣으면 해당 파일이 이메일에 자동으로 첨부된다. 웹 세미나 자료 등을 미리 보내 줄 때 활용하면 좋은 기능인데 생략해도 상관없다. 이렇게 3단계까지 설정을 마치고 'Save & Continue' 버튼을 클릭하면 설문지를 제출한 사람들에게 자동으로 설정한 이메일이 발송된다.

이렇게 구글 설문지와 확장 프로그램을 연동하면 반복적인 메일 발송 업무를 자동화할 수 있다.

[답신 문자 전송 자동화]

설문 응답자에게 이메일뿐만 아니라 문자 메시지도 자동으로 발송할 수 있다. 구글 설문지와 문자 서비스를 연동하여 자동으로 문자를 발송하는 방법에 대해 알아보자.

1) 우선 구글 설문지를 만들고 이름, 연락처, 의견 등의 항목을 추가한다.

2) 다음으로 문자 발송 서비스인 솔라피(solapi.com)에 회원 가입을 한다. 솔라피는 유료 서비스 이지만, 가입 시 문자 서비스를 사용할 수 있는 일정 포인트를 무료로 제공하므로 충분히 테스트해 볼 수 있다. 문자뿐만 아니라 카카오톡, 네이버 톡 등 다양한 메시지 발송이 가능하므로 테스트 이후에 본격적인 사용 여부를 판단해도 좋을 것이다.

3) 이제 구글 설문지에 응답이 오면 자동으로 문자를 보내 주는 시스템을 구축하기 위해 자동화 도구인 제피어(zapier.com)에 회원 가입을 한다. 제피어는 월 100개의 자동화 작업을 무료로 사용할 수 있다. 제피어에 로그인 후 'Create'를 클릭하고 'Zaps'를 선택해 자동화 과정을 만들어 보자.

4) 재피어에서 자동화 단계는 크게 두 단계로 진행된다. 첫 번째 단계는 'Trigger'라고 하는 어떤 이벤트가 발생하는 단계이고, 두 번째는 이벤트가 발생했을 때 어떤 실행을 하면 되는지 'Action'이 이루어지는 단계이다. 설정 화면의 상단에 있는 입력창에 자동화하고 싶은 내용을 두 개의 단계로 명확하게 입력한다. 그러면 트리거와 액션을 어떻게 구성하면 되는지 AI가 답변을 준다. 이렇게 AI가 추천해 준 해당 요소를 하나씩 선택하면 자동화 설계를 쉽게 할 수 있다.

5) 트리거는 구글 폼의 새 응답으로 설정하고, 액션은 솔라피의 문자 발송으로 설정한다. 설문지와 솔라피 계정을 서로 연결한 뒤, 수신자 번호는 설문 응답의 연락처 열에서 가져오고, 문자 내용은 응답자의 이름과 내용을 조합하여 자동으로 삽입되도록 한다.

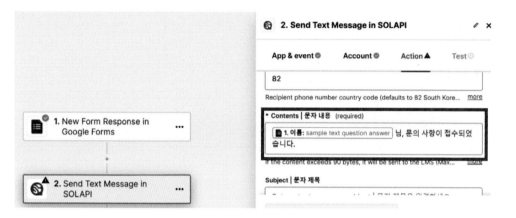

6) 테스트를 통해 의도한 대로 문자가 발송되는지 확인하고, 이상이 없으면 자동화 과정을 'Publish' 한다. 이제 누군가 설문에 응답할 때마다 자동으로 문자가 발송된다.

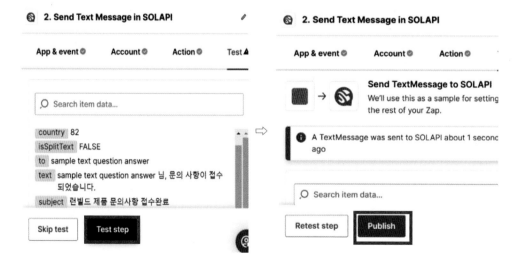

솔라피 대시보드에서는 일일 발송 현황을 한눈에 파악할 수 있어 고객 응대 현황 관리에도 도움이 된다.

이처럼 구글 설문지와 확장 프로그램, 제피어 등의 자동화 도구를 연결하면 반복적인 고객 응대 업무를 자동화하여 업무 효율을 높일 수 있고, 응답 내용에 따라 맞춤형 메시지를 자동 발송하면 보다 세련된 고객 서비스도 가능해진다.

3. 제미나이 AI로 대량의 고객 문의 및 의견 분석 한 번에 처리하기

우리 회사 제품에 대한 고객 의견을 분석하는 일은 많은 시간과 노력이 필요한 작업이다. 하지만 지금부터 소개할 방법을 활용하면 방대한 양의 고객 리뷰를 손쉽게 분석하고, 이를 토대로 제품 개선과 마케팅 전략 수립에 도움을 받을 수 있다.

> 구글 시트 사본
> https://x.gd/QIRo3

1) 먼저 설문지를 통해 응답이 들어온 구글 시트 데이터를 분석해 보자. 'GEMINI' AI 함수를 이용하면 셀에 입력된 데이터를 한 번에 분석할 수 있다. 'GEMINI' 함수를 사용하기 위해 구글 시트 확장 프로그램에서 'GEMINI' 부가 기능을 설치한다.

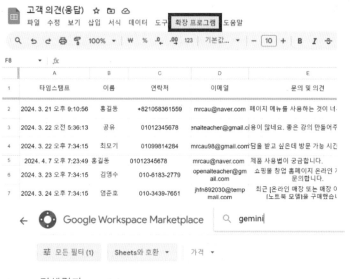

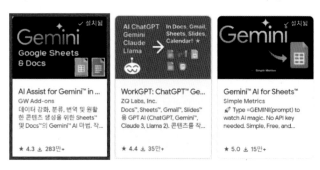

2) 구글 AI 스튜디오(aistudio.google.com/)에서 API 키를 발급받아 복사한 후에 'GEMINI' 확장 프로그램에서 'Set API Key'를 실행하여 API 키를 붙여넣기 한다.

3) 위의 설정을 마치면 구글 시트에서 'GEMINI' 함수를 사용할 수 있게 된다. 고객이 문의해 온 내용을 한 문장으로 요약할 수 있도록 결과를 표시할 셀에 이렇게 입력해 보자.

'=GEMINI_SUMMARIZE(분석할 셀, "한 문장으로")'

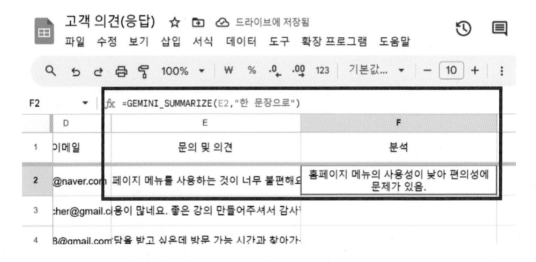

4) AI 함수로 결과가 표시된 것을 확인하고 해당 셀을 아래로 드래그하면 문의가 들어온 모든 데이터들을 한 번에 한 문장으로 요약할 수 있다.

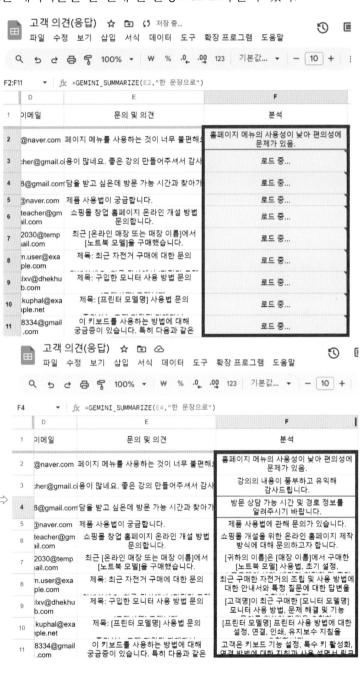

5) 고객의 목소리가 담긴 데이터는 설문지 이외에 상품 판매 페이지의 리뷰에서도 수집할 수 있다. 상품 리뷰 데이터를 수집하기 위해 크롬 확장 프로그램 'Listly'를 설치한다.

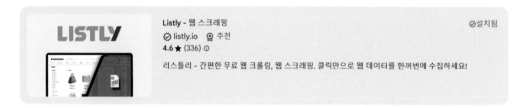

6) 제품 판매 페이지에서 'Listly' 확장 프로그램을 실행하고 '부분' 버튼을 클릭한 후에 캡처할 리뷰 영역을 선택한다. 'RUN LISTLY' 버튼을 클릭하면, 해당 영역의 데이터를 한 번에 수집할 수 있다.

7) 수집된 데이터는 구글 시트로 내보낼 수 있고 구글 시트 내용은 GEMINI 함수로 분석할 수 있다.

8) 해당 리뷰 내용이 있는 셀 옆에 '=GEMINI' 함수를 적고 다음과 같이 프롬프트를 입력해 보자.

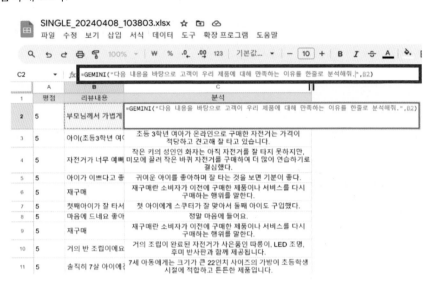

9) 구글 시트에서 데이터 분석은 위와 같이 AI 함수를 이용화면 편리하게 자동화할 수 있는데, ChatGPT 유료 버전을 이용하고 있다면 ChatGPT 플랫폼에 직접 엑셀 파일을 업로드하여 분석하는 것도 가능하다. ChatGPT에 리뷰 데이터 파일을 업로드하고 "긍정 리뷰에서 고객들이 어떤 점을 좋아하는지", "부정 리뷰에서 불만 사항은 무엇인지" 등 구체적인 질문을 던지면 더욱 심도 있는 분석 결과를 얻을 수 있다.

 You

 리뷰2.xlsx
Spreadsheet

첨부한 파일은 우리 회사 자전거 제품에 대한 고객의 리뷰 내용이야. 내용을 분석해서 고객들이 우리 제품에 대해 어떤 점을 좋아하고 싶어하는 한국어로 분석해줘. 분석이 완료되면 서클차트로 평점의 비중도 표시해줘.

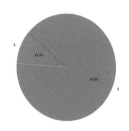

ChatGPT
리뷰 데이터에는 "평점"과 "리뷰내용" 두 가지 열이 포함되어 있습니다. 각 리뷰는 고객이 제품에 대해 주는 평점(1~5)과 상세한 리뷰 내용을 포함하고 있어요. 데이터의 첫 몇 개의 리뷰를 살펴본 결과, 대부분의 고객이 긍정적인 평가를 하고 있는 것으로 보입니다. 이제 이 데이터를 기반으로 고객들이 제품에 대해 어떤 점을 좋아하고 싶어하는지 분석하고, 평점의 비중을 서클 차트로 표시해볼게요.

10) ChatGPT는 분석 결과를 바탕으로 제품 개선 방안도 제안해 줄 수 있다. 예를 들어, 제품 이미지를 업로드하고 "고객 리뷰를 바탕으로 제품의 내구성과 디자인 개선을 위해 어떤 조치를 취해야 하는지" 물어보면, 재질 변경, 품질 테스트 강화 등 실행 가능한 솔루션을 제시한다.

👤 **You**

📊 리뷰2.xlsx
Spreadsheet

고객 리뷰를 바탕으로 우리 제품 디자인에 대한 개선사항 알려주고, 이미지로 그려줘

ChatGPT

리뷰 데이터에서 디자인과 관련된 긍정적인 언급은 두 건이었고, 부정적인 언급은 없었습니다. 긍정적인 언급 중 하나는 자전거의 디자인이 "깔끔하다"는 것이었습니다. 이는 고객들이 현재 디자인에 만족하고 있음을 의미할 수 있어요. 그러나 더 많은 리뷰 분석을 통해 고객의 선호를 더 정확하게 파악하는 것이 중요합니다.

현재 정보로는, 고객이 좋아하는 깔끔한 디자인을 유지하면서, 혹시 모를 부정적인 리뷰에 대비하여 다음과 같은 개선 사항을 제안할 수 있습니다:

1. **경량화**: 자전거의 무게를 줄여 더 가볍게 만들어 조작이 쉬워집니다.
2. **색상 및 마감**: 다양한 색상과 마감 처리를 통해 소비자의 선택권을 넓힙니다.
3. **액세서리**: 사용자의 편의를 고려한 스타일리시한 액세서리를 추가합니다.

이러한 제안을 바탕으로 이미지를 만들겠습니다. 차트 생성에 사용된 데이터와는 별개로 디자인의 개선 사항을 상상하며 이미지를 구성할 예정입니다. 예를 들어, 경량화된 프레임, 새로운 색상 옵션, 스타일리시한 액세서리가 포함된 자전거의 이미지를 만들어보겠습니다. [›-]

고객의 피드백을 바탕으로 상상한 개선된 디자인과 기능을 갖춘 스타일리시하고 현대적인 자전거 이미지를 만들어 보았습니다.

4. 제미나이 비전으로 대량의 영수증 처리 자동화하기

회사에서 경비 처리를 담당하고 있다면, 영수증을 모으고 내용을 일일이 수기로 입력하며 관리하고 있을 것이다. AI 기술을 활용하

구글 시트 사본
https://x.gd/PJ3H3

면 이런 수고를 크게 덜 수 있다. 이전 챕터에서 고객의 리뷰 분석을 위해 사용했던 'GEMINI' 함수는 다양한 기능이 있다. 그중에서 'GEMINI_VISION' 기능을 이용하면 이미지 데이터를 분석하여 원하는 내용을 추출할 수 있다. 다음 예시를 통해 구체적인 사용 방법을 알아보자.

1) 먼저 직원들에게 영수증을 제출받을 수 있는 구글 설문지를 만든다.

2) 설문지 응답 시트에 영수증에서 추출해야 할 정보, 즉 거래 일시, 합계 금액, 사용
매장, 매장 주소 등의 컬럼을 추가한다.

3) 구글 설문지를 통해 제출된 영수증을 분석하기 위해 확장 프로그램에서 'GEMINI'
기능을 활성화한다. 이전 챕터에서 안내한 대로 Google AI Studio에서 API 키를
발급받아 'GEMINI' 프로그램에 입력했다면 이제 확장 프로그램 메뉴에서
'GEMINI' 프로그램을 'OPEN'만 하면 AI 함수를 사용할 수 있다.

4) 영수증 이미지를 분석하기 위해 해당하는 셀에 다음과 같이 GEMINI 함수를 입력한다.

=GEMINI_VISION("거래 일시 추출해 줘. 설명은 하지 말고", 영수증 사진 링크)

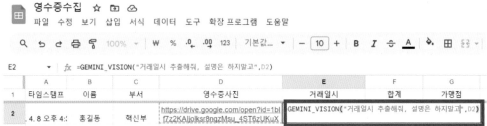

이제 GEMINI AI가 영수증 이미지를 분석하여 해당 항목을 표시해 준다. 마찬가지로 합계, 가맹점, 주소 등 각각의 셀에 동일한 방식으로 수식을 넣어 주면 된다.

5) 수집된 모든 데이터들을 분석하려면 맨 위에 입력된 수식을 아래로 드래그해 주기만 하면 제출된 모든 영수증 이미지가 한 번에 분석된다.

이러한 방식으로 명함, 결석 신고서, 각종 증빙 서류 등의 이미지 데이터를 다뤄야 하는 다양한 업무에서 이미지 분석을 자동화할 수 있다.

5. 메일머지 기능의 앱 스크립트로 100명의 월급 명세서 메일 발송 한 번에 처리하기

매월 직원들에게 급여 명세서를 발송하는 업무는 수십 명의 직원들

구글 시트 사본
https://x.gd/Enjp0

에게 맞춤형 명세서를 보내기 위해 데이터 입력과 이메일 전송에 많은 시간이 소비된다. 게다가 개인정보를 다루는 민감한 업무인 만큼 실수가 없도록 세심한 주의까지 기울여야 하므로 업무 스트레스도 큰 편이다. 하지만 구글 시트에서 확장 프로그램과 앱 스크립트 기능을 이용하면 이 모든 과정을 정확하고 빠르게 자동화할 수 있다.

1) 먼저 구글 시트에 직원별 급여 명세 데이터를 준비하고 확장 프로그램 'Mail Merge for Gmail'를 설치한다.

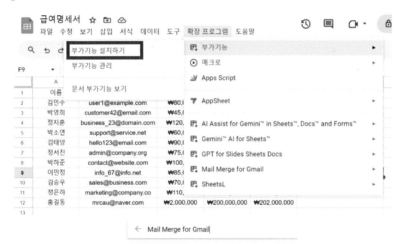

2) 확장 프로그램이 설치되면 메뉴에서 'Mail Merge for Gmail'를 시작하고 NEW TEMPLATE을 클릭하면 메일 제목과 내용을 입력할 수 있다.

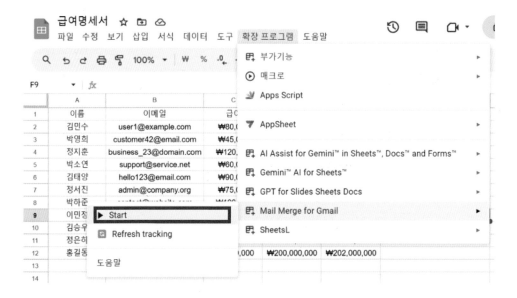

3) 메일 제목과 본문 내용을 입력할 때 공통적으로 사용될 문구와 함께 '이름, 급여' 등 바뀌어야 하는 부분을 'Merge tag' 메뉴에서 선택해서 입력한다.

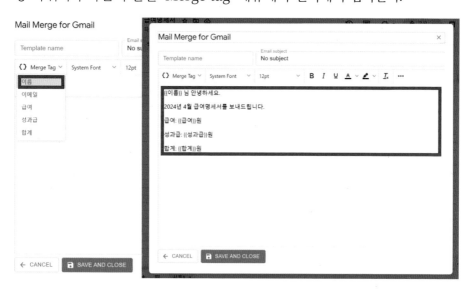

4) 이메일 제목, 이메일 내용을 모두 입력한 후에 템플릿을 저장하고, 수신자 이메일 주소가 입력된 열을 지정한 후 미리 보기로 이상이 없는지 최종 확인한다. 그리고 Send Emails 버튼을 누르면, 수십 통의 맞춤형 급여 명세서가 단 몇 초 만에 자동 발송된다!

5) 메일 발송이 완료되면 구글 시트에 '급여 명세서' 열이 새로 생성되면서 전송 결과가 표시된다.

6) 이처럼 확장 프로그램을 이용하면 간편하게 수십 통의 이메일을 대량으로 보낼 수 있다. 단, 이 프로그램은 한 번에 보낼 수 있는 메일 전송 횟수가 하루에 50건으로 정해져 있고, 메일 내용에 포함된 배너를 삭제하려면 별도의 요금을 내야 한다. 이러한 제한 사항 없이 대량의 메일을 보내려면 앱 스크립트를 사용해서 직접 대량 메일을 보내는 기능을 구글 시트에 만들어야 한다.

7) 앱 스크립트는 구글 시트에서 사용자가 원하는 기능을 직접 만들어 사용할 수 있
는 도구인데 자바스크립트 언어로 코딩을 해야 사용할 수 있기 때문에 일반인이
다루기 어렵다는 문제가 있다. 하지만 이제 이 부분도 걱정할 필요가 없다. 생성형
AI가 우리에게 필요한 코드를 대신 작성해 줄 수 있기 때문이다.

8) 앱 스크립트 코드 작성을 위해 클로드를 사용해 보자. 클로드는 코딩이나 언어 능
력이 뛰어나다고 많은 사람이 인정하는 생성형 AI 도구이다. 회원 가입만 하면 무
료로 이용할 수 있으니 바로 이용해 보자. 우리에게 필요한 코드를 요청하는 프롬
프트를 다음과 같이 작성해 보자.

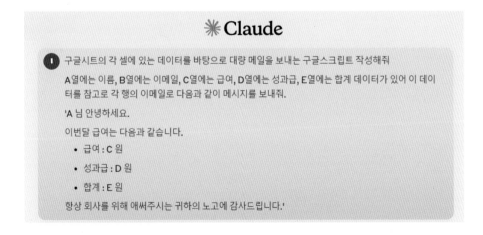

- 최대한 구체적으로 요청해야 좋은 결과를 얻을 수 있으므로 데이터가 들어 있는 각 열
의 헤더를 명확히 명시해 주는 것이 중요하다.

9) 클로드가 생성해 준 코드를 복사하여 앱 스크립트에 붙여 넣고 저장한다. 저장한 앱 스크립트의 기능을 사용하기 위해 앱 스크립트 함수 이름을 복사해 둔다.

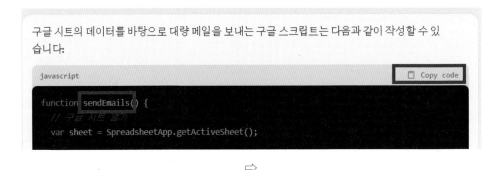

10) 앱 스크립트를 실행하기 위해 구글 시트에 그리기 도구로 실행 버튼을 만든다.

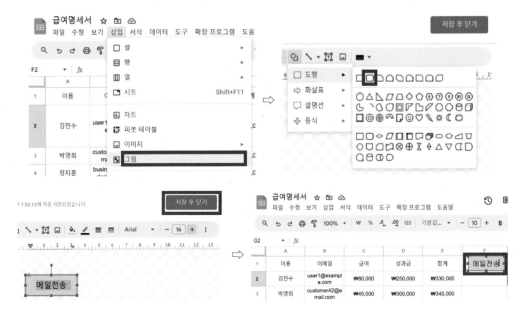

11) 삽입한 버튼을 우클릭하여 점 세 개의 설정 버튼을 클릭하고 '스크립트 할당'을 선택한다. 복사해 온 앱 스크립트 함수 이름 'sendEmails'를 붙여넣기 한다.

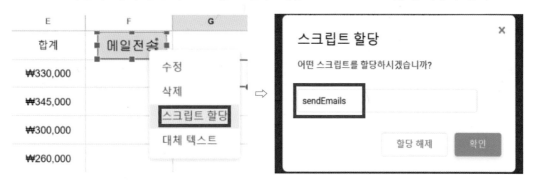

12) 구글 시트에 삽입한 전송 버튼을 처음 누르면 승인 팝업창이 뜨는데 최초 한 번만 해 주면 되기 때문에 모두 확인하고 허용해 준다.

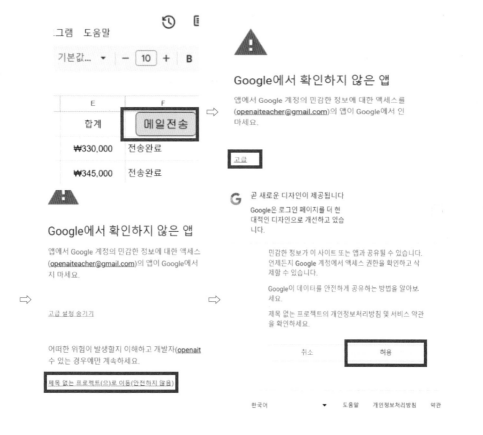

13) 이제 '메일 전송' 버튼을 클릭하면 전송 횟수 제한 없이 구글 시트에 있는 데이터 개수에 맞게 급여 명세서가 전송된다. 물론 우리가 스크립트에 작성한 메일 내용 이외에 배너나 기타 광고는 포함되지 않는다.

앱 스크립트를 활용한 대량 이메일 발송 자동화는 급여 명세서 이외에도 다양한 분야에 응용할 수 있다.

① 고객 대상 뉴스레터 발송: 고객 데이터베이스를 기반으로 맞춤형 뉴스레터를 자동으로 발송할 수 있다. 이를 통해 마케팅 캠페인의 효과를 높일 수 있다.

② 이벤트 초대장 발송: 행사나 세미나 등의 이벤트 초대장을 대량으로 발송할 때 활용할 수 있다. 참석자 명단을 기반으로 개인화된 초대장을 자동으로 보낼 수 있다.

③ 학교에서의 성적표 발송: 학생들의 성적 데이터를 기반으로 개별 성적표를 자동으로 발송할 수 있다. 이는 교사들의 업무 부담을 줄이고 학부모와의 소통을 원활하게 한다.

④ 회원 대상 알림 메일 발송: 회원 데이터베이스를 활용하여 기념일 축하 메일, 포인트 적립 안내 등 다양한 알림 메일을 자동으로 발송할 수 있다.

6. 앱 스크립트로 100명의 직원 계약서 작성 자동화하기

인사 업무 담당자에게 고용 계약서 작성은 매년 반복되는 번거롭고 부담되는 업무 중 하나이다. 하지만 업무 자동화 도구인 앱 스크립트와 생성형 AI를 활용하면 계약서를 대량으로 생성하는 자동화 프로그램을 만들 수 있다. 계약서 양식만 있다면 코딩을 몰라도 누구나 프로그램 제작이 가능하다.

구글 시트 사본
https://x.gd/RbPWU

구글 문서 사본
https://x.gd/Ajwx6

1) 먼저 계약서 양식을 구글 문서로 만든다. 이때 근로자 이름, 계약 기간 등 개인별로 다른 정보가 들어갈 자리는 '{{계약일}}, {{성명}}' 이런 식으로 중괄호로 묶어 표기해 둔다.

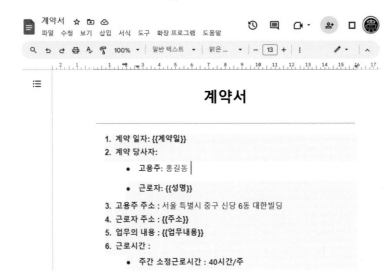

2) 계약서에 사용할 개인정보 데이터를 구글 시트에 입력한다. 구글 시트의 열 제목
은 구글 문서로 만든 계약서에서 중괄호로 묶은 부분과 정확히 일치해야 한다.

3) 앱 스크립트에 작성할 코드를 요청할 차례다. 자세한 프롬프트 요청을 위해 계약
서 구글 문서 ID, 구글 시트 데이터의 범위, 그리고 생성된 계약서를 저장할 구글
드라이브 폴더 ID 등을 사전에 파악해 둔다.

-구글 문서 ID-

-생성된 계약서를 저장할 폴더 ID-

4) '클로드'에 접속해서 다음과 같이 프롬프트를 입력한다. 최대한 구체적으로 요청해야 좋은 결과를 얻을 수 있으므로 구글 문서로 만든 계약서 양식 ID와 문서 파일을 저장할 폴더 ID를 정확히 명시해 주는 것이 중요하다.

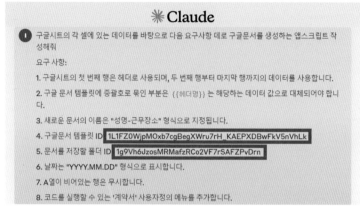

※ 위 ID는 가상 ID이므로 반드시 본인의 ID를 확인해서 입력해야 함

5) 앱 스크립트 코드가 생성되면, 구글 스프레드시트의 앱 스크립트 에디터에 붙여 넣고 저장한다.

```javascript
function onOpen() {
  const ui = SpreadsheetApp.getUi();
  ui.createMenu('계약서')
    .addItem('계약서 생성', 'createDocsFromSheet')
    .addToUi();
}

function formatDate(dateValue) {
  if (typeof dateValue === 'string') {
    dateValue = new Date(dateValue);
  }
  const year = dateValue.getFullYear();
  const month = (dateValue.getMonth() + 1).toString().padStart(2, '0');
  const day = dateValue.getDate().toString().padStart(2, '0');
  return `${year}.${month}.${day}`;
}

function createDocsFromSheet() {
  const sheet = SpreadsheetApp.getActiveSpreadsheet().getActiveSheet();
  const lastRow = sheet.getLastRow();
  const dataRange = sheet.getRange(2, 1, lastRow - 1, sheet.getLastColum
  const data = dataRange.getValues();
  const headers = sheet.getRange(1, 1, 1, sheet.getLastColumn()).getValu
```

6) 이제 구글 시트를 새로 고침 하면 해당 기능을 실행할 수 있는 사용자 메뉴가 나타난다. 해당 메뉴를 클릭하면 구글 시트 각 행의 데이터가 각각 계약서 파일로 자동으로 만들어져 지정된 구글 드라이브 폴에 저장된다.

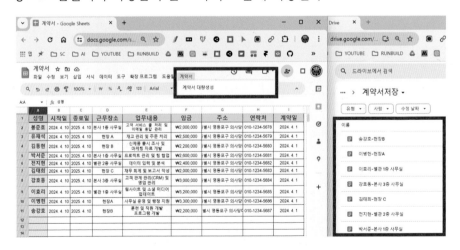

7. 오토크랫으로 100명의 상장 생성 한 번에 처리하기

　회사나 학교에서 상장을 출력하는 업무는 매년 연말이나 행사가 있을 때 반복적으로 하게 되는 잡무 중 하나이다. 수십 명의 수상자 이름을 확인하고 특정 양식에 맞춰 제목, 수상 내용, 날짜 등을 입력하는 일은 매우 번거롭고 시간도 많이 걸린다.

> **구글 시트 사본**
> https://x.gd/IOq0a

> **구글 슬라이드 사본**
> https://x.gd/ONn2H

　이러한 반복적인 문서 생성 작업은 앞서 살펴보았듯이 업무 자동화의 좋은 대상이 된다. 이전 챕터에서 소개한 방법으로 앱 스크립트를 이용하면 상장 문서를 자동으로 대량 생성할 수 있지만, 확장 프로그램을 이용하면 좀 더 쉽게 문서를 생성할 수도 있다.

1) 우선 상장에 들어갈 기본 정보를 구글 시트에 정리해 둔다. 그다음 구글 슬라이드로 상장 템플릿을 제작하는데, 상장명, 이름, 수상일, 수여자가 표시될 부분은 꺾쇠 괄호로 영역을 지정해 둔다.

2) 구글 시트의 확장 프로그램 부가 기능 설치하기에서 'Autocrat'을 검색해서 설치한다.

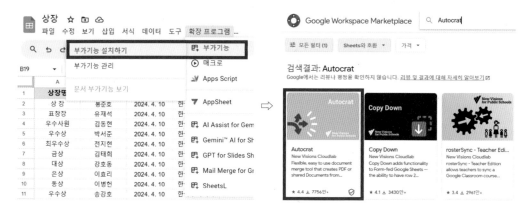

3) 'Autocrat'을 실행한 후 '새 작업 만들기(NEW JOB)'에서 작업명을 입력한다.

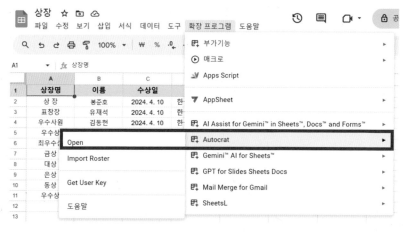

4) 'From drive'에서 상장 템플릿이 있는 구글 슬라이드를 선택하고 'Merge tag'에는 기본 정보 데이터가 있는 시트를 선택한다. 구글 슬라이드 양식에 '<< >>' 표시가 되어 있는 부분과 구글 시트의 데이터 부분이 서로 매칭이 잘 되도록 설정한다. 이때 꺾쇠괄호 안의 변수명과 시트의 열 제목을 일치시켜 주는 게 중요하다.

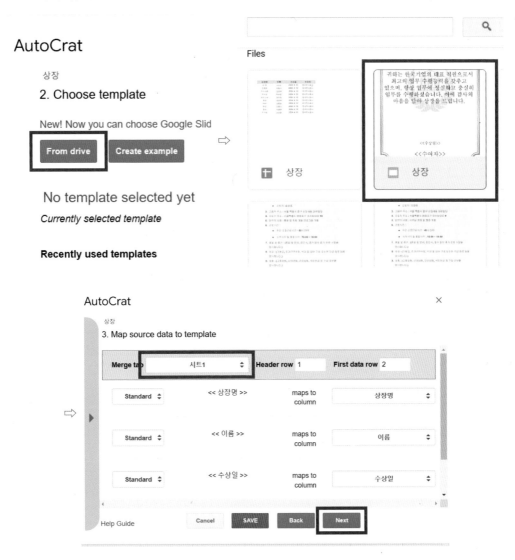

5) 출력될 상장 파일 이름을 입력하고 타입과 출력 모드를 설정한다. 타입은 PDF 또는
   구글 슬라이드 둘 중에 하나를 선택할 수 있고, 출력 모드는 하나의 파일에 모든 상
   장 문서를 담을 것인지 아니면 여러 개의 상장 문서를 각각의 파일로 만들 것인지 선
   택할 수 있다. 출력 설정이 끝났다면 파일을 저장할 폴더를 선택하고 'SAVE' 하면 모
   든 준비가 완료된다.

6) 모든 설정을 마치고 '실행' 버튼을 누르면 구글 시트의 데이터 개수에 맞게 이름과
수상명이 자동 입력된 상장 파일이 생성된다.

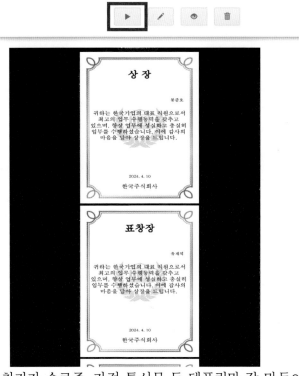

상장뿐만 아니라 참가자 수료증, 가정 통신문 등 템플릿만 잘 만들어 두면 클릭 몇
번으로 개인별 맞춤 문서를 대량 제작할 수 있다.

	상장명	이름	수상일	수여자	Merged Doc ID - 상장	Merged Doc URL - 상장	Link to merged Doc - 상장	Document Merge Status - 상장
2	상 장	봉준호	2024. 4. 10	한국주식회사	FrqpaP5gNRbMQn8uckT7AXxD	FrqpaP5gNRbMQn8u	상	I; Manually run by open
3	표창장	유재석	2024. 4. 10	한국주식회사	FrqpaP5gNRbMQn8uckT7AXxD	FrqpaP5gNRbMQn8u	상	I; Manually run by open
4	우수사원	김동현	2024. 4. 10	한국주식회사	FrqpaP5gNRbMQn8uckT7AXxD	FrqpaP5gNRbMQn8u	상	I; Manually run by open
5	우수상	박서준	2024. 4. 10	한국주식회사	FrqpaP5gNRbMQn8uckT7AXxD	FrqpaP5gNRbMQn8u	상	I; Manually run by open
6	최우수상	전지현	2024. 4. 10	한국주식회사	FrqpaP5gNRbMQn8uckT7AXxD	FrqpaP5gNRbMQn8u	상	I; Manually run by open
7	금상	김태희	2024. 4. 10	한국주식회사	FrqpaP5gNRbMQn8uckT7AXxD	FrqpaP5gNRbMQn8u	상	I; Manually run by open
8	대상	강호동	2024. 4. 10	한국주식회사	FrqpaP5gNRbMQn8uckT7AXxD	FrqpaP5gNRbMQn8u	상	I; Manually run by open
9	은상	이효리	2024. 4. 10	한국주식회사	FrqpaP5gNRbMQn8uckT7AXxD	FrqpaP5gNRbMQn8u	상	I; Manually run by open
10	동상	이병헌	2024. 4. 10	한국주식회사	FrqpaP5gNRbMQn8uckT7AXxD	FrqpaP5gNRbMQn8u	상	I; Manually run by open
11	우수상	송강호	2024. 4. 10	한국주식회사	FrqpaP5gNRbMQn8uckT7AXxD	FrqpaP5gNRbMQn8u	상	I; Manually run by open
12								

8. 다글로 AI로 1시간 넘는 회의록 작성 10초 만에 처리하기

회의록을 작성할 때, 회의 내용을 모두 듣고 정리하는 일은 여간
번거로운 게 아니다. 하지만 '노션'과 '다글로' AI 도구를 활용하면

> **다글로**
> daglo.ai/

이 과정을 훨씬 수월하게 해 낼 수 있다. '다글로'는 녹음 파일이나 영상 파일을 텍스트
로 변환해 주는 AI 서비스인데, 잡음이 들어간 녹음 파일에서도 음성만을 정확히 추출
하여 텍스트로 변환해 준다. 특히 화자별로 구분해서 텍스트로 변환해 줄 수 있기 때
문에 각 화자의 발언 기록이 중요한 회의록에 매우 유용하다.

1) 다글로 웹사이트에 접속해 '새로 만들기 > 녹음 파일 업로드 > 화자 표시 > 받아
쓰기'를 차례로 클릭하면 녹음 내용이 화자별로 구분된 텍스트 파일로 변환된다.

2) 변환이 완료되면 전체 내용과 함께 AI가 요점 정리도 자동으로 해 준다. 내용을 확인하고 다운로드 버튼을 클릭하면 다양한 문서 형식으로 다운로드가 가능하다. 특히 다글로는 우리나라에서 만든 서비스이기 때문에 한글(HWP) 문서로도 다운로드 가능하고, 월 20시간 하루에 5건까지 무료로 이용할 수 있다.

3) 이렇게 음성 파일을 텍스트로 다운로드 하였다면 노션에서 회의록을 작성해 보자. 노션은 현재 전 세계적으로 가장 많이 사용되는 노트 필기 프로그램 중 하나이다. 무료이면서 매우 다양한 기능을 간단한 조작만으로 사용할 수 있기 때문에 누구나 쉽게 사용할 수 있다. 노션에 로그인을 하고 '새 페이지'를 클릭하여 페이지를 생성한다. 페이지에서 '/'를 입력하면 다양한 기능을 선택할 수 있는데, 이 중에서 회의록을 지속적으로 기록하고 관리하기 쉽게 하기 위해 '/데이터베이스-인라인'를 추가한다.

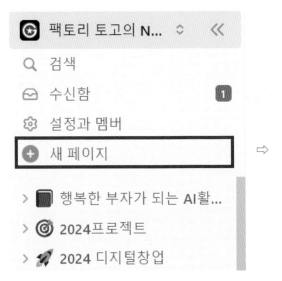
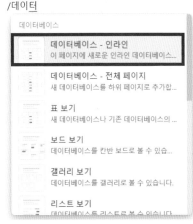

4) 페이지에 삽입된 표에 회의록 제목을 입력하고 '열기'를 클릭하면 또 다른 페이지에 내용을 입력할 수 있다. 이곳에 자주 사용하는 회의록 서식을 '템플릿 생성'으로 미리 만들어 두면 좀 더 편리하게 회의록을 작성할 수 있다. 회의 주제, 참석자, 결정 사항, 할 일, 회의 요약 등의 항목을 담은 템플릿을 만들어서 재사용이 가능한 회의록 템플릿 노트를 만든다.

5) 이제 회의록 데이터베이스 표에서 '열기'를 클릭하고 회의록 템플릿을 선택하면 서식이 미리 채워진 문서에 회의록을 작성할 수 있다.

6) 회의록을 작성할 때 노션 AI의 도움을 받을 수도 있다. 다글로로 변환한 전체 회의 내용을 노션에 붙여 넣고 'AI 기능 > 요약하기'를 실행하면 핵심 내용이 추려진다. "내용에서 결정 사항을 작성해 줘"라고 하면 회의 중 결정된 내용을 작성할 수도 있고, "해야 할 일을 작성해 줘"라고 하면 회의에서 도출된 할 일을 정리해 줄 수도 있다.

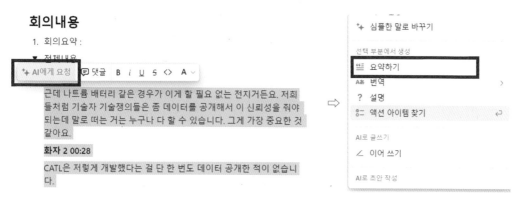

더 나아가 "이 회의에서 가장 중요한 아이디어는 무엇일까?", "프로젝트를 성공시키기 위한 제언을 해 줘" 같은 질문을 던져 볼 수도 있다.

이렇게 노션의 템플릿과 AI 기능, 그리고 다글로의 음성 텍스트 변환 기술을 활용하면 회의록 작성이 획기적으로 빠르고 간편해진다. 이는 단순히 회의록 작성에 드는 시간과 노력을 아끼는 것에 그치지 않는다. 보다 꼼꼼하고 정확한 회의 기록을 남길 수 있고, 회의에서 도출된 할 일을 누락 없이 관리할 수 있게 된다.

1장 일상 생활에서의 AI 활용

2장 업무 자동화를 위한 AI 활용

3장 콘텐츠 개발 및 수익화를 위한 AI 활용

4장 곁에 있는 수익을 위한 AI 활용

9. 윔시컬 AI로 업무 다이어그램 자동으로 생성하기

복잡하게 얽힌 업무들을 한눈에 알아보기 쉽게 시각화하는 것은 생각보다 쉽지 않다. 하지만 Whimsical이라는 도구를 활용한다면 이런 고민을 손쉽게 해결할 수 있다.

> **윔시컬**
> whimsical.com

1) Whimsical은 AI 기술을 활용하여 다이어그램를 쉽고 빠르게 만들 수 있는 서비스다. 구글 계정으로 로그인하면 무료로 3개의 보드를 만들 수 있다. 보드는 '다이어그램', '메모장', '와이어프레임', '마인드맵' 총 4가지의 형태로 만들 수 있다.

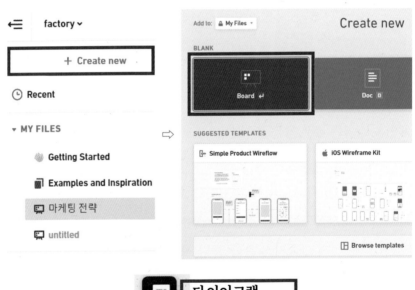

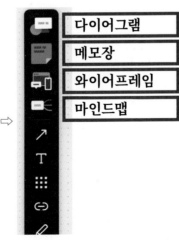

2) 다양한 도형과 선, 텍스트 박스 등을 활용해 다이어그램을 디자인할 수 있으며, 특히 홈페이지나 앱 개발 시 와이어프레임 제작과 브레인스토밍용 마인드맵 그리기에도 유용하다. AI 아이콘을 클릭하고 만들려고 하는 보드를 요청하면 해당 형식에 맞는 보드를 자동으로 생성해 주는 기능도 있다.

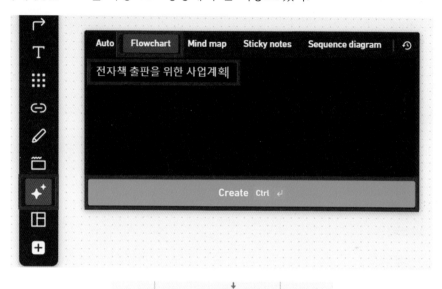

3) AI를 활용해 초안 다이어그램을 완성한 뒤, 디테일을 더해 가며 고도화하는 것도 좋은 방법이다. 특히 브레인스토밍을 위한 마인드맵을 만들 때 하나의 노드에 키워드를 입력하고 해당 노드에서 AI 버튼을 누르면 해당 키워드에 대한 아이디어 가지들이 생겨난다.

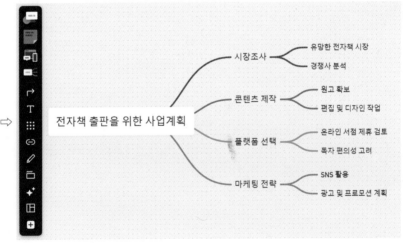

4) 생겨난 가지에서 또 원하는 노드를 선택하고 AI 버튼을 눌러 계속해서 아이디어 가지를 뻗어나갈 수 있다. 이처럼 아이디어가 잘 떠오르지 않을 때 AI 기반 마인드 맵을 활용하면 AI가 자동으로 제안하는 다양한 발상을 통해 사고의 폭을 넓히고 창의성을 자극할 수 있다.

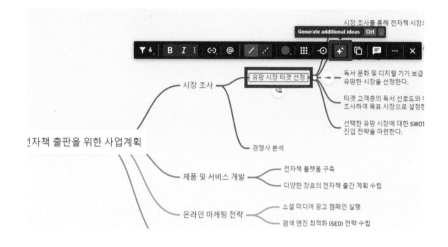

5) 다이어그램이나 마앤드맵은 외부로 공유도 가능하다. 복잡한 프로젝트의 업무 절차와 역할을 시각화하여 팀원들과 공유하면 담당자별 할 일과 작업 순서가 명확해져 업무 이해도와 협업 효율이 높아질 것이다.

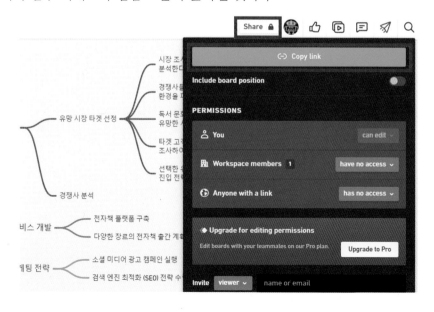

10. 앱 스크립트로 지원서 파일 분석 및 면접 질문지 생성 자동화하기

인사 업무에서 대량의 지원서를 처리해야 할 때가 있다. 수십, 수백 개의 이력서를 파일을 열고 자격 조건에 맞는지 확인하는 일은 엄청 난 시간과 노력이 든다.

> **구글 시트 사본**
> https://x.gd/OsfM1

하지만 구글 시트와 앱 스크립트를 활용하면 대량의 지원서 파일의 내용을 수집하고 분석하는 일을 한 번에 처리할 수 있다. 지원서에서 부적합한 내용을 자동으로 추출하여 지원자를 손쉽게 선별할 수 있고 수집된 내용을 바탕으로 면접 질문지도 생성할 수가 있다. 지금부터 그 과정을 단계별로 살펴보자.

[적합한 지원자 선별]

1) 첫 번째 단계는 지원자가 제출한 다양한 형식의 지원서 파일을 구글 시트로 불러 오는 것이다. 구글 시트로 파일의 내용을 불러오려면 지원서를 구글 문서 형식으로 변환해야 한다. 변환 방법은 PDF로 제출된 지원서 파일을 우클릭한 뒤 연결 앱을 '구글 문서'로 선택하면 자동으로 구글 문서로 변환된다.

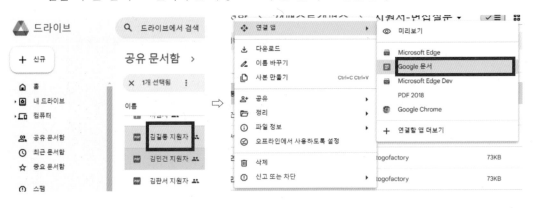

2) 두 번째 단계는 구글 시트에서 앱 스크립트를 실행해서 지원서 파일의 제목, URL, 내용을 구글 시트에 정리하는 것이다. 앱 스크립트는 구글 시트에 기본적으로 없는 기능을 직접 만들어서 사용할 수 있는 매우 막강한 도구이다. 앱 스크립트를 이용하면 거의 모든 자동화 기능을 만들어서 사용할 수 있다.

3) 앱 스크립트 코드 작성을 위해 클로드에 접속하고 다음과 같이 프롬프트를 작성해 보자.

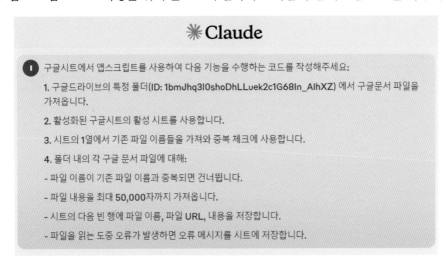

최대한 구체적으로 요청해야 좋은 결과를 얻을 수 있으므로 지원서 파일이 저장되어 있는 폴더의 ID를 포함해서 상세하게 프롬프트를 작성한다. 폴더의 ID는 폴더 주소에 서 가져올 수 있다.

4) 클로드가 생성해 준 코드를 복사하여 앱 스크립트에 붙여 넣고 저장한다. 저장한 앱 스크립트의 기능을 사용하기 위해 앱 스크립트 함수 이름을 복사해 둔다.

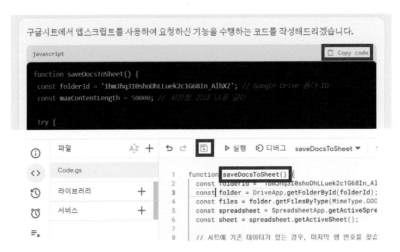

5) 앱 스크립트를 실행하기 위해 구글 시트에 그리기 도구로 실행 버튼을 만든다.

6) 그림으로 그려서 삽입한 버튼을 우클릭하여 점 세 개의 설정 버튼을 클릭하고 '스크립트 할당'을 선택한다. 복사해 온 앱 스크립트 함수 이름 'saveDocsToSheet'를 붙여넣기 한다.

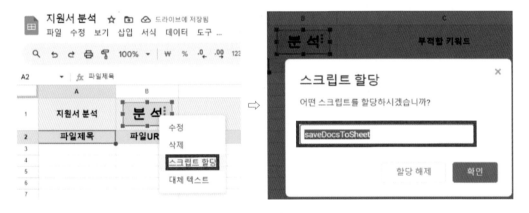

7) 이제 버튼을 클릭하면 지정한 폴더의 모든 구글 문서 파일 제목과 내용이 구글 시트에 불러오게 된다.

지원서 분석	분 석	
파일제목	파일URL	파일내용
김민건 지원자	XrRUwh1gOZW_K	2019년 상반기 신입 합격자소서 영업·고객상담> 일반영업 지원 직무에 적합한 사례 혹은 경험 았지만 적용되니 일하는 재미를 느끼게 되었습니다. "내가 편하지
김길동 지원자	lrhgjLEW4I41uKLH	2019년 상반기 신입 합격자소서 영업·고객상담> 일반영업 지원 직무에 적합한 사례 혹은 경험 았지만 적용되니 일하는 재미를 느끼게 되었습니다. "내가 편하지
정다미	PAssFsKVTbt7sCe	1. 자기소개 : 를 직접 수행하며 재무 정보 데이터를 분석하는 능력을 키웠습니다

8) 이렇게 불러온 지원서 내용을 분석하면 지원서 내용에 부적합한 내용이 있는지 판별할 수 있다. 특정 셀에 부적합한 키워드를 나열한다. 여러 개의 부적합한 키워드를 적을 경우 Shift를 누르고 엔터키 위의 백슬래시 키를 눌러 '|'로 구분해 준다. 여기서 '|'는 'OR'를 의미하는 정규 표현식 문자이다.

9) 구글 시트에 불러온 지원서 파일의 내용에 부적합한 키워드가 있는지 판별하기 위해 REGEXMATCH 함수를 사용한다. 이 함수는 파일 내용과 키워드를 비교하여 해당 내용에 부적합한 키워드가 있다면 '참', 없다면 '거짓'을 반환한다. IF문과 함께 조합해서 활용하면 키워드 포함 여부에 따라 'O', 'X' 등의 판정 결과를 출력할 수 있다. =IF(REGEXMATCH(C3, D1), "X", "O")

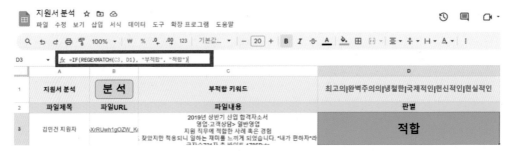

10) 아래와 같이 ArrayFormula 함수를 사용하면 수식을 한 번만 입력하고도 여러 행에 자동으로 수식을 적용할 수 있다.

=ArrayFormula(IF(LEN(C3:C)=0, "", IF(REGEXMATCH(C3:C, D1), "적합", "부적합")))

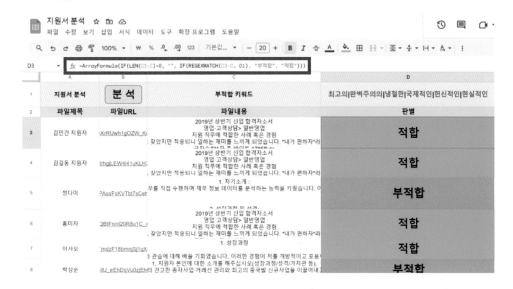

위의 방법으로 방대한 분량의 지원서를 단시간 내에 분석하고 필터링하는 것이 가능하고. 채용 담당자는 '부적합'으로 판정된 지원자를 제외하고 '적합' 지원자의 이력서를 집중 검토할 수 있다. 이 자동화 방법은 신입 사원 채용뿐 아니라 각종 공모전, 학교 입시 지원서, 지원금 심사 등에도 활용할 수 있다.

또한, 지원서 분석 외에도 고객 문의, 상품 리뷰 등 대량의 텍스트 데이터를 처리하는 모든 업무에 응용 가능하다. 문의 내용에 '환불', '교환' 등의 단어가 포함된 경우 우선 처리 대상으로 분류한다거나, 상품평에서 반복적으로 언급되는 불만 사항을 추출하는 식이다. 이렇게 대량 문서 처리를 자동화하면 업무 효율성이 높아질 뿐 아니라, 사람의 실수로 놓칠 수 있는 서류 검토 누락 사고도 예방할 수 있을 것이다.

[면접 질문 생성]

지원서 파일을 구글 시트로 수집해 놓으면 지원서 내용을 바탕으로 대량의 면접 질문지 생성도 쉽게 자동화할 수 있다.

1) 지원서 파일을 수집한 스프레드 시트에 새로운 시트(시트2)를 추가하여 질문지를 작성할 준비를 한다.

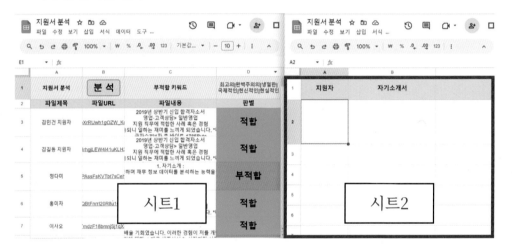

2) A2셀에 QUERY 함수를 사용해서 '**시트1**'에서 '**적합**' 판정을 받은 지원자의 이름과 내용을 '시트2'로 불러온다. QUERY 함수는 특정 범위('시트1'!A:D)에서 조건 (D='적합')에 따라 가져오고 싶은 열(A, C)이 있을 때 사용하는 함수이다.
=QUERY('시트1'!A:D, "select A, C where D='적합'",0)

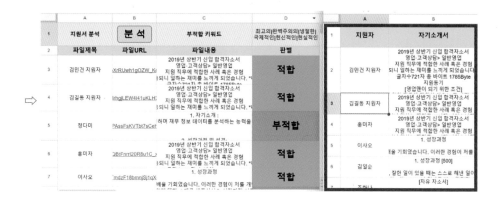

3) 이렇게 가져온 자기소개서 내용을 참고로 면접 질문을 생성하기 위해 GEMINI 확장
   프로그램을 설치하고 AI 함수를 입력한다.

=GEMINI("다음 우리 회사 채용 신청을 한 지원자의 자기소개를 참고해서 면접시험
에서 사용할 질문 3개만 리스트로 보여 줘", B2) 또는 =GEMINI(D1,B2)

4) 질문지가 완성된 셀을 아래로 드래그하면 다른 자기소개서에 대한 면접 질문도
   자동으로 생성된다.

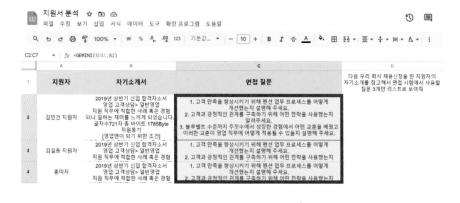

5) 면접 질문 리스트를 이용해서 질문지 문서를 직접 만들어도 되지만, 앱 스크립트를 이용하면 문서 생성 또한 자동화할 수 있다. 구글 시트에 버튼을 추가하여 버튼을 클릭하면 구글 시트의 내용을 바탕으로 특정 구글 문서에 질문지 내용이 자동으로 생성되도록 해 보자.

6) 먼저 설문지 내용이 입력될 구글 문서를 준비한다. 그리고 앱 스크립트에 작성할 코드 생성을 위해 클로드에서 다음과 같이 요청한다.

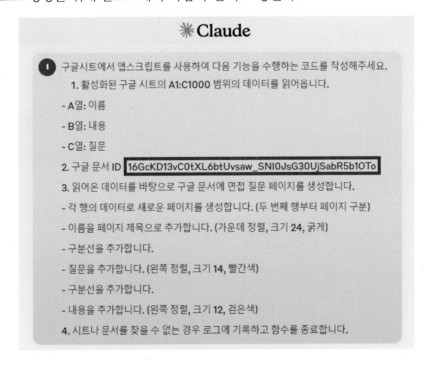

- 최대한 구체적으로 요청해야 좋은 결과를 얻을 수 있으므로 구글 문서 ID를 포함해서 원하는 서식을 상세하게 작성한다. 구글 문서 ID는 질문지로 사용할 구글 문서를 실행시키고 아래의 예시처럼 주소창에 'd/' 뒤에서부터 '/edit' 전까지의 문자를 복사해서 붙여넣기를 하면 된다.

7) 클로드가 생성해 준 코드를 복사하여 앱 스크립트 맨 아래에 붙여 넣고 저장한다. 저장한 앱 스크립트의 기능을 사용하기 위해 앱 스크립트 함수 이름을 복사해 둔다.

8) 구글 시트에 버튼을 삽입하고 '스크립트 할당'을 선택한다. 복사해 온 앱 스크립트 함수 이름 'createDocs'를 붙여넣기 한다.

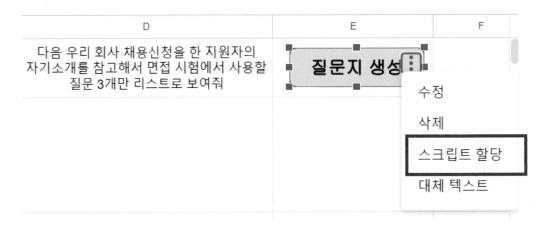

이제 '질문지 생성' 버튼을 누르면 면접 질문 문서에 지원자별 면접 질문지 내용이 자동으로 생성된다.

이 방식은 면접 질문지 외에도 다양한 상황에서 활용할 수 있다. 예를 들어, 학생들이 제출한 과제를 분석해 개인별 피드백을 주거나 설문지 응답 내용에서 핵심 키워드를 추출하고, 그에 따른 조언이나 제안을 자동으로 생성할 수도 있을 것이다.

11. AI 함수로 한눈에 파악할 수 있는 직원 관리 명부 만들기

구글 시트와 AI 함수를 이용하면 직원들의 기본 신상 정보부터 면담 일지, 종합 평가 등 방대한 데이터를 손쉽게 조회하고 작성할 수 있는 프로그램을 만들 수 있다. 이러한 자동화 시스템을 구축하기 위해서는 데이터의 특징에 맞게 개별 시트를 만들고 각각의 시트가 서로 연동되어 정보를 처리할 수 있게 구성해야 한다.

구글 시트 사본
https://x.gd/ysgqP

1) 첫 번째 시트에는 직원들의 기본 정보(이름, 부서, 직급, 입사일 등)를 입력하여 직원 조회를 위한 기초 데이터를 준비한다. 이때 근속 연수 입력은 아래와 같이 구글 시트 함수로 자동화할 수 있다.

> =IF(LEN(F2)=0,"",INT((TODAY()-F2)/365)&"년"&INT(MOD((TODAY()-
> F2),365)/30)&"개월"&MOD((TODAY()-F2),30)&"일")

IF(LEN(F2)=0,"",: F2 셀이 비어 있는 경우 빈 문자열("")을 반환하고, 그렇지 않은 경우 다음 부분의 계산 결과를 반환한다.
INT((TODAY()-F2)/365)&"년": 오늘 날짜(TODAY())에서 F2 셀의 값을 뺀 후, 365로 나누어 연도 수를 계산한다. INT() 함수는 결과를 정수로 반올림한다. 계산된 연도 수 뒤에 "년"을 붙인다.
INT(MOD((TODAY()-F2),365)/30)&"개월": 2번 단계에서 계산된 날짜 차이를 365로 나눈 나머지(MOD)를 구한 후, 30으로 나누어 개월 수를 계산한다. INT() 함수로 정수로 반올림하고, 결과 뒤에 "개월"을 붙인다.
MOD((TODAY()-F2),30)&"일": 2번 단계에서 계산된 날짜 차이를 30으로 나눈 나머지(MOD)를 구하여 일 수를 계산하고, 결과 뒤에 "일"을 붙인다.

이 함수를 원하는 셀에 적용하면 해당 셀의 날짜와 오늘 날짜의 차이를 "X년 Y개월 Z일" 형식으로 표시할 수 있다. 위와 같은 함수는 AI에 필요한 기능을 설명하고 함수로 만들어 달라고 요청하면 쉽게 얻을 수 있다.

2) 두 번째, 구글 설문지로 직원 면담이나 평가 내용을 수시로 입력받아 누적할 수 있는 부가 정보 시트를 만든다.

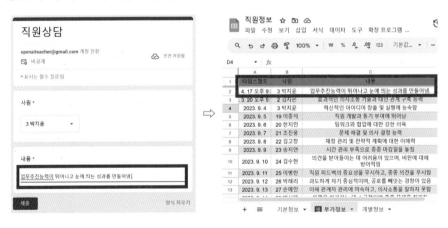

3) 세 번째, '기본 정보' 시트와 '부가 정보' 시트의 데이터를 바탕으로 각 직원별 상세
  정보를 조회할 수 있는 '개별 정보' 시트를 만든다. 여기에 직원을 선택하는 드롭
  다운 메뉴를 삽입하고, 선택된 이름에 따라 '기본 정보'와 '부가 정보' 시트에서 해
  당 인물의 정보를 가져와 한눈에 직원의 전체 정보를 파악할 수 있도록 한다.

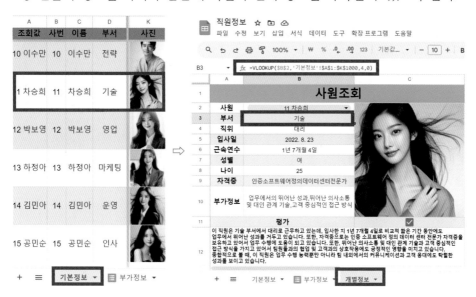

4) 특정 시트에 있는 데이터 중에서 원하는 데이터를 골라서 가져오기 위해서 VLOOKUP
  함수를 사용한다. '개별 정보' 시트의 부서에 해당하는 데이터를 '기본 정보' 시트에
  서 가져오기 위해 다음과 같이 함수를 작성할 수 있다.

=VLOOKUP(B2, '기본정보'!A1:K1000, 4, 0)

- 검색값: B2 셀에 있는 값을 찾는다.
- 범위: '기본 정보' 시트의 A1:K1000 범위에서 검색한다.
- 인덱스: 4는 범위에서 4번째 열의 값을 반환한다.
- 근사일치: 0은 정확히 일치하는 값을 가져오도록 한다.

이 함수는 '기본 정보' 시트의 A1:K1000 범위에서 선택한 직원과 일치하는 값을 첫
번째 열에서 찾은 후, 해당 행의 네 번째 열값을 반환한다.

5) 그리고 해당 직원의 부가 정보는 부가 정보 시트의 데이터에서 가져오도록 한다. 조건에 맞는 데이터를 가져오기 위해 'FILTER' 함수를 이용한다. 이때 가져올 데이터가 여러 개가 있을 경우 텍스트를 합치기 위해 TEXTJOIN 함수로 처리한다.

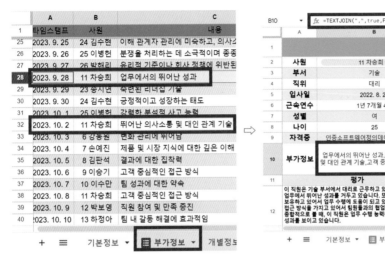
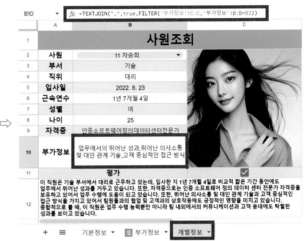

=TEXTJOIN(",",true,FILTER('부가 정보'!C:C,'부가 정보'!B:B=B2))

TEXTJOIN(",", TRUE, ...): TEXTJOIN 함수는 주어진 구분자(여기서는 쉼표(","))를 사용하여 여러 텍스트 값을 하나의 문자열로 결합한다. TRUE는 빈 값을 무시하도록 지정하는 옵션이다.
FILTER('부가정보'!C:C, ...): FILTER 함수는 주어진 조건에 따라 배열이나 범위에서 값을 필터링한다. 여기서는 '부가 정보' 시트의 C열 전체(C:C)를 필터링 대상으로 지정한다.
'부가정보'!B:B=B2: 필터링할 조건을 입력한다. '부가 정보' 시트의 B열 값들과 현재 시트의 B2 셀 값을 비교하여 일치하는 값들을 모두 가져온다.

이 함수는 '부가 정보' 시트의 B열에서 현재 시트의 B2 셀 값과 일치하는 행을 모두 찾아서 해당 행의 C열 값들을 쉼표로 구분하여 하나의 문자열로 결합한 결과를 반환한다. 이렇게 하면 선택된 직원의 모든 부가 정보가 쉼표로 구분된 하나의 문자열로 정리된다.

6) 개별 정보 시트의 '평가' 항목은 해당 인물의 기본 정보와 부가 정보를 바탕으로 종합적인 평가를 자동 생성해 주는 부분이다. 이것을 구현하기 위해서는 AI 기능을 제공하는 확장 프로그램을 사용할 수 있다. 구글 시트의 확장 프로그램 설치 메뉴에서 'GPT'를 검색하여 'GPT for Slides Sheets'를 설치한다.

7) GPT 확장 프로그램 설치 후 'Enable GPT functions' 메뉴를 실행하면 이제 별도의 설정 없이 구글 시트에서 '=GPT()' 함수를 사용할 수 있다. 사용 방법은 AI 데이터 생성이 필요한 셀에서 '=GPT()'라고 적고 괄호 안에 원하는 프롬프트를 "" 사이에 적어 주면 된다. 그리고 프롬프트 뒤에 참고할 셀을 지정해 줄 수 있다. 이와 같은 방식으로 아래와 같이 체크박스에 체크를 하면 해당 직원에 대한 종합 평가 문장을 생성해 주는 자동화 시스템을 만들 수 있다.

12. QR코드로 출퇴근 기록 자동화하기

구글 시트와 앱 스크립트를 활용하면 매일 수기로 작성하는 출퇴근 기록을 QR 코드 스캔으로 자동화할 수 있다. 게다가 출퇴근 기록을 분석하여 업무 시간까지 관리를 할 수 있는 시스템 구축이 가능하다.

> **구글 설문지**
> https://x.gd/MhoDw

> **구글 시트 사본**
> https://x.gd/T3Ft3

1) 우선 이전 챕터의 직원 정보 시트에서 사번과 이름을 토대로 출퇴근 체크용 설문지를 만든다. 객관식 질문을 만들고 답지 옵션은 직원의 번호와 이름을 선택 값으로 넣는다.

2) 설문지의 '미리 채워진 링크 가져오기' 기능을 사용해 직원별로 답지가 선택된 링크를 생성하고 구글 시트에 정리해 둔다.

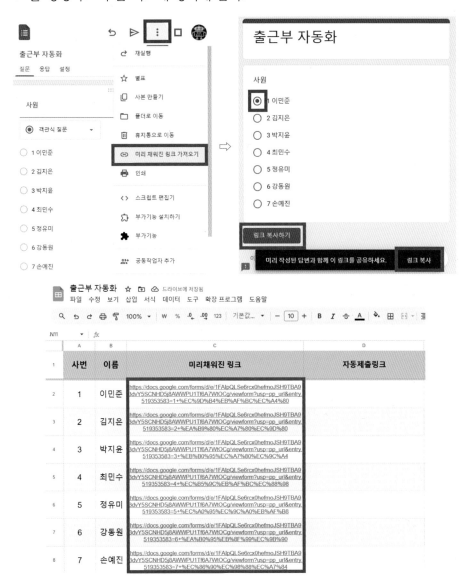

'미리 채워진 링크'를 공유하면 사용자는 답지가 미리 선택된 설문지가 보인다. 그리고 해당 링크를 아래와 같이 일부 수정하면 해당 설문지에 접속하는 즉시 설문지가 자동으로 제출되도록 만들 수 있다.

수정 전		수정 후
docs.google.com/forms/d/e/1FAIpQLSe6r cx0hefmoJSH9TBA93dvY5SCNHD5j8AWW PU1Tf6A7WtOCg/viewform?usp=pp_url&e ntry.519353583=1+%EC%9D%B4%EB%A F%BC%EC%A4%80	⇨	docs.google.com/forms/d/e/1FAIpQLSe6r cx0hefmoJSH9TBA93dvY5SCNHD5j8AWW PU1Tf6A7WtOCg/formResponse?entry.51 9353583=1+%EC%9D%B4%EB%AF%BC% EC%A4%80&submit=Submit

3) 구글 시트에서 직원별로 '미리 채워진 링크'와 '자동 제출 링크'를 정리한다. 이때 '미리 채워진 링크' 옆에 '자동 제출 링크'를 보다 쉽게 생성하기 위해 구글 시트 함수를 다음과 같이 사용할 수 있다.

=CONCATENATE(SUBSTITUTE(C2,"viewform?usp=pp_url&entry.", "formResponse?entry."),"&submit=Submit")

이 함수는 CONCATENATE , SUBSTITUTE 함수를 조합하여 C2 셀에 있는 URL 을 변형하고, 변형된 URL에 추가 텍스트를 결합한다.

SUBSTITUTE(C2"viewform?usp=pp_url&entry.","formResponse?entry."):
SUBSTITUTE 함수는 텍스트 내에서 특정 부분을 다른 텍스트로 대체한다.
C2 셀에 있는 텍스트에서 "viewform?usp=pp_url&entry."라는 부분을 "formResponse?entry." 로 대체.

CONCATENATE(...,"&submit=Submit"):
CONCATENATE 함수는 여러 텍스트 값을 하나의 문자열로 결합한다.
SUBSTITUTE 함수로 변형된 URL과 "&submit=Submit"이라는 텍스트를 결합한다.

---

4) 이제 자동 제출 링크를 QR 코드로 변환할 차례다. QR 코드 생성 API를 활용하면 시트의 함수만으로 간편하게 QR 코드를 대량 생성할 수 있다.

api.qrserver.com/v1/create-qr-code/?data= 링크 주소

	사번	이름	미리채워진 링크	자동제출링크	QR코드
1					
2	1	이민준	https://docs.google.com/forms/d/e/1FAIpQLSe6rcx0hefmoJSH9TBA93dvY5SCNHD5j8AWWPU1Tf6A7WtOCg/viewform?usp=pp_url&entry.519353583=1+%EC%9D%B4%EB%AF%BC%EC%A4%80	https://docs.google.com/forms/d/e/1FAIpQLSe6rcx0hefmoJSH9TBA93dvY5SCNHD5j8AWWPU1Tf6A7WtOCg/formResponse?entry.519353583=1+%EC%9D%B4%EB%AF%BC%EC%A4%80&submit=Submit	
3	2	김지은	https://docs.google.com/forms/d/e/1FAIpQLSe6rcx0hefmoJSH9TBA93dvY5SCNHD5j8AWWPU1Tf6A7WtOCg/viewform?usp=pp_url&entry.519353583=2+%EA%B9%80%EC%A7%80%EC%9D%80	https://docs.google.com/forms/d/e/1FAIpQLSe6rcx0hefmoJSH9TBA93dvY5SCNHD5j8AWWPU1Tf6A7WtOCg/formResponse?entry.519353583=2+%EA%B9%80%EC%A7%80%EC%9D%80&submit=Submit	
4	3	박지윤	https://docs.google.com/forms/d/e/1FAIpQLSe6rcx0hefmoJSH9TBA93dvY5SCNHD5j8AWWPU1Tf6A7WtOCg/viewform?usp=pp_url&entry.519353583=3+%EB%B0%95%EC%A7%80%EC%9C%A4	https://docs.google.com/forms/d/e/1FAIpQLSe6rcx0hefmoJSH9TBA93dvY5SCNHD5j8AWWPU1Tf6A7WtOCg/formResponse?entry.519353583=3+%EB%B0%95%EC%A7%80%EC%9C%A4&submit=Submit	
5	4	최민수	https://docs.google.com/forms/d/e/1FAIpQLSe6rcx0hefmoJSH9TBA93dvY5SCNHD5j8AWWPU1Tf6A7WtOCg/viewform?usp=pp_url&entry.519353583=4+%EC%B5%9C%EB%AF%BC%EC%88%98	https://docs.google.com/forms/d/e/1FAIpQLSe6rcx0hefmoJSH9TBA93dvY5SCNHD5j8AWWPU1Tf6A7WtOCg/formResponse?entry.519353583=4+%EC%B5%9C%EB%AF%BC%EC%88%98&submit=Submit	

E2 셀 수식: =IMAGE("https://api.qrserver.com/v1/create-qr-code/?data=" & D2)

완성된 QR 코드는 사무실 컴퓨터나 책상 등 직원들이 쉽게 스캔할 수 있는 곳에 부착한다. 이제 출퇴근 시 QR 코드를 스캔하면 자동으로 시간이 기록된다.

5) 이렇게 '설문지 응답 시트'에 수집된 출퇴근 시간을 분석해서 실제 업무 시간을 확인할 수 있는 업무 기록 시트를 만든다. 설문지 응답 시트에 데이터가 업데이트되면 업무 시간이 자동으로 계산되도록 앱 스크립트를 작성한다.

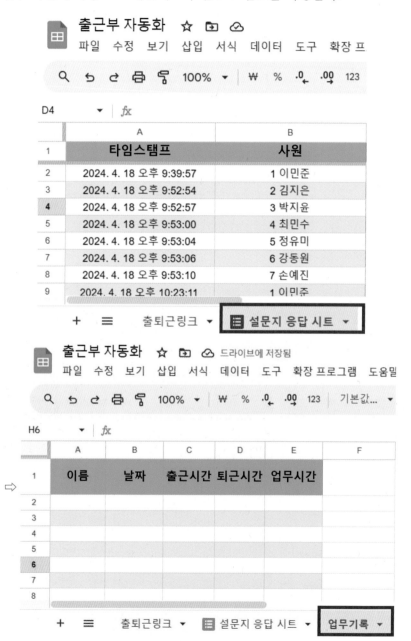

6) 필요한 앱 스크립트 코드는 '클로드'에 요청하면 손쉽게 얻을 수 있다. 데이터 시트
　의 구조와 원하는 출력 형태를 구체적으로 설명하면 맞춤형 코드를 작성해 준다.

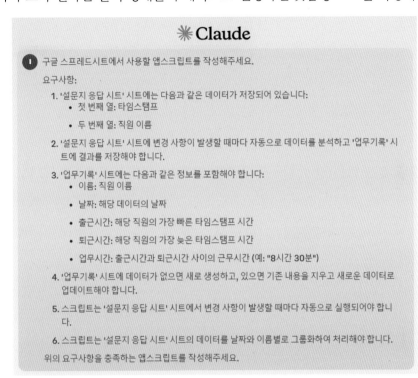

7) 클로드가 생성해 준 코드를 복사하여 구글 시트의 앱 스크립트에 붙여 넣고 저장한다.

```javascript
function onChange(e) {
  // 변경이 '설문지 응답 시트' 시트에서 발생했는지 확인
  var sheetName = '설문지 응답 시트';
  var ss = SpreadsheetApp.getActiveSpreadsheet();
  var sheet = ss.getActiveSheet();
  if (sheet.getName() !== sheetName || !e) return;

  // '설문지 응답 시트' 시트에 변경사항이 있을 때 실행할 함수
  getTime(); // getTime 함수를 호출
}
```

8) 별도의 실행 버튼 없이 설문지의 출퇴근 기록이 제출되면 자동으로 앱 스크립트를 실행하기 위해 '트리거'를 설정한다.

이제 스프레드 시트에서 설문지 양식이 제출될 때마다 앱 스크립트가 실행되고 자동으로 업무 시간 기록이 계산된다.

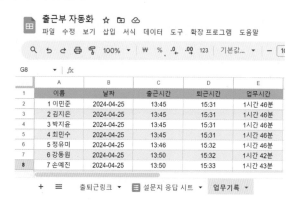

13. 감마 AI를 활용해서 간편하게 프레젠테이션 만들기

AI 도구를 활용하면 누구나 손쉽게 전문가 수준의 프레젠테이션 자료를 제작할 수 있다. 프레젠테이션을 만들어 주는 AI 도구 중에서 '감마(gamma)'라는 서비스가 특히 유용하다.

> **감마**
> gamma.app

감마는 텍스트를 프레젠테이션으로 자동 생성해 주는 AI 서비스다. 사용법도 무척 간단하다. 감마 웹사이트에 접속해 '새로 만들기'를 클릭한 뒤, 세 가지 시작 방법 중 하나를 선택하면 된다.

1) 첫 번째 시작 방법은 '텍스트로 붙여넣기' 방법이다. 기존에 발표 자료를 위한 원고 파일이 있다면 해당 원고를 참고로 프레젠테이션을 만들 수 있다. 원고를 붙여넣기 한 후 편집기에서 생성할 슬라이드 형식을 자유롭게 설정한다.

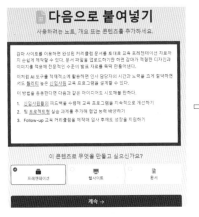 

2) 두 번째 시작 방법은 '생성'하는 방법이다. 원고 파일이 없더라도 한 줄 프롬프트만 입력하면 자동으로 프레젠테이션을 생성할 수 있다. 생성할 슬라이드 개수를 선택하고 원하는 프롬프트를 입력하면 선택한 개수만큼 슬라이드 개요가 만들어진다. 개요 보기에서 슬라이드 카드를 추가하거나 삭제할 수 있고 슬라이드에 들어갈 텍스트의 길이와 이미지 형식도 지정할 수 있다.

3) 세 번째 시작 방법은 '파일 가져오기' 방법이다. 참고할 원고 내용이 들어가 있는 PPT 또는 Word 문서 파일을 직접 업로드하거나 구글 드라이브에서 파일을 가져올 수 있다. 파일을 가져오기 한 후 편집기에서 생성할 슬라이드 형식을 자유롭게 설정한다.

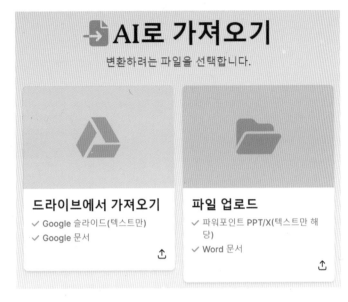

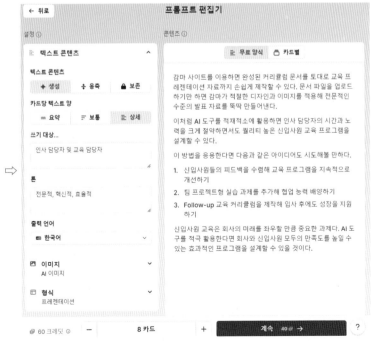

4) 개요 설정이 끝나고 '계속하기' 버튼을 클릭하면 사용자의 취향에 맞는 디자인 테마를 선택할 수 있다. 테마를 선택하고 '생성' 버튼을 클릭하면 색상부터 폰트, 레이아웃에 이르기까지 일관되면서도 세련된 디자인 테마가 자동 적용된 프레젠테이션이 만들어진다.

- 모든 과정이 자동으로 진행되며 완성된 프레젠테이션 초안을 보고 마음에 들지 않는 부분은 슬라이드 편집기에서 바로 수정할 수 있다. 새로운 슬라이드를 추가하거나 챕터 순서를 변경하는 것도 간편하게 처리할 수 있다.

5) 텍스트 원고를 더 매끄럽게 다듬어야 할 때는 감마의 AI 라이팅 툴을 활용할 수
있다. "좀 더 매력적으로"라고 요청하기만 하면 각 문장을 자연스럽게 교정해 준다.

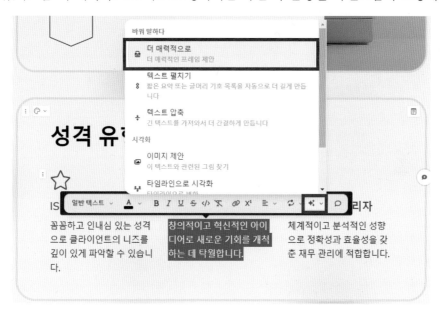

6) 완성된 프레젠테이션은 바로 발표에 활용할 수 있고, 필요시 슬라이드 자료를
PPT나 PDF 파일로 내보내 공유할 수도 있다.

심지어 프레젠테이션을 웹사이트로 변환하면 고유 도메인을 가진 웹사이트로 게시까지 할 수 있다.

'감마' AI를 이용하면 프레젠테이션에 필요한 거의 모든 과정을 AI가 대신해 주기 때문에 디자인과 제작에 많은 시간을 빼앗기지 않고도 완성도 높은 발표 자료를 손쉽게 만들어 낼 수 있다.

14. GPTs로 맞춤형 업무 비서 챗봇 만들기

MS 코파일럿은 챗GPT의 다양한 기능을 무료로 이용할 수 있기 때문에 일상생활에서 부담 없이 사용할 수 있다. 하지만 보다 전문적인 분야에 특화된 AI 챗봇을 만들고 활용하려면 챗GPT 유료 버전을 사용하는 것이 좋다. 챗GPT 유료 버전에서는 GPTs 스토어를 이용할 수 있는데 이곳에는 전 세계의 많은 사람이 만들어 놓은 훌륭한 챗봇들이 공개되어 있다.

GPTs 스토어에서는 내게 필요한 챗봇을 찾아서 사용해 볼 수 있고, 내가 만든 챗봇을 공유할 수도 있다. 이를 통해 회사를 홍보하거나 제품을 소개할 수도 있고 추후에 수익도 낼 수 있는 상품으로 발전시킬 수 있다.

무엇보다 자주 사용하는 프롬프트를 GPTs에서 챗봇으로 제작해 두면 같은 명령을 반복할 필요 없이 원할 때마다 챗봇을 꺼내 쓰면 되므로 매우 편리하다.

GPTs를 이용하면 코딩 지식 없이도 누구나 쉽게 챗봇을 만들 수 있는데, '회사 업무 매뉴얼 챗봇'을 만들면서 구체적인 사용 방법을 살펴보자.

1) 챗GPT의 'Explore GPTs' 메뉴에 들어가 'Create'를 클릭한다.

GPTs

iscover and create custom versions of ChatGPT that combine instructions, extra knowledge, and any combination of skills.

2) 우측에 'Configure' 탭에서 챗봇 이름, 설명을 입력한다. (좌측에 'Create' 탭에서 챗봇을 만들 수도 있지만, 좀 더 정확한 의도를 전달하기 위해서는 'Configure' 탭에서 챗봇을 만드는 것이 더 효과적이다.)

Create   **Configure**   Create   **Configure**

\+

Name

Name your GPT

Description

Add a short description about what this GPT does

Instructions

What does this GPT do? How does it behave? What should it

⇨

\+

Name

업무 매뉴얼 가이드

Description

Add a short description about what this GPT does

Instructions

What does this GPT do? How does it behave? What should it avoid doing?

Create   **Configure**

\+

⇨ **Name**

업무 매뉴얼 가이드

Description

궁금한 업무에 답변을 주는 챗봇

3) 프로필 이미지는 업로드하거나 'Use DALL·E'를 선택하면 자동으로 맞춤형 챗봇
   로고를 생성할 수 있다.

4) 지침(Instructions)에 챗봇의 역할과 할 일을 구체적으로 설명한다.

Instructions

회사 업무를 도와주는 챗봇입니다. 다음과 같은 지침으로 작동합니다.
1. 사용자가 업무에 관련된 질문을 하면 지식창고의 자료를 바탕으로 답변을 합니다.
2. 지식창고의 정보를 바탕으로 가장 관련성 높은 정보를 한국어로 제공하기 위해 노력합니다.
3. 전문적이면서도 친근한 어조를 유지하며 사용자에게 답변을 제공합니다.
4. 반드시 지식창고의 정보를 근거로 답변합니다. 지식창고에 없는 정보를 마음대로 답변하지 않습니다.

5) 'Knowledge'에 회사 업무 매뉴얼 파일을 업로드한다. 최대 20개의 파일을 첨부할 수 있고, 각 파일의 최대 용량은 512MB까지 가능하다. 파일은 일반 텍스트, PDF, Excel 등 다양한 형식의 파일을 지원한다.

Knowledge

If you upload files under Knowledge, conversations with your GPT may include file con
downloaded when Code Interpreter is enabled

 마케팅부.pdf
PDF

 경영지원부 업무.pdf
PDF

Upload files

6) Capabilities는 GPTs 자체 기능의 사용 여부를 설정할 수 있다. 능력 향상을 위해 모두 활성화하자.

- Web Browsing: 실시간 인터넷 검색 후 최신 정보 제공 기능
- DALL·E Image Generation: AI 이미지 생성 기능
- Code Interpreter: 입력한 내용을 파이썬으로 분석하여 답변을 제공하는 기능

Capabilities

☑ Web Browsing

☑ DALL·E Image Generation

☑ Code Interpreter ⑦

7) 오른쪽 창의 '미리 보기(Preview)'에서 테스트하면서 챗봇이 정상 작동하도록 지침 (Instructions)을 수정하고 챗봇의 완성도를 높여 나간다.

8) 미리 보기에서 테스트한 후 이상이 없으면 'Save' 또는 'Update' 버튼을 눌러 저장한다.

9) 챗봇 페이지의 'Share'에서 링크를 복사하여 동료들과 공유한다.

10) 이렇게 GPTs로 만든 챗봇은 회사 내 지식 관리, 행정 업무 매뉴얼, 맞춤형 강의 자료 제작 등 다양한 분야에 응용할 수 있다.

15. 봇프레스로 GPTs 챗봇 누구나 사용할 수 있게 배포하기

앞서 소개한 GPTs는 여러 분야에서 활용할 수 있는 강력한 맞춤형 챗봇 도구이다. 하지만 GPTs를 이용하기 위해서는 챗GPT 계정으로 로그인을 해야 사용할 수 있다. 로그인 없이 누구나 좀 더 간편하게 GPTs 챗봇을 사용하도록 배포할 수 없을까? 'Deploy GPTs' 확장 프로그램을 이용하면 가능하다. 'Deploy GPTs'는 Botpress라는 챗봇 서비스 회사에서 만든 확장 프로그램으로 GPTs 챗봇을 누구나 이용할 수 있도록 배포 가능한 링크를 만들어 준다.

1) 먼저 ⚫ 크롬 웹스토어에서 'Deploy GPTs' 확장 프로그램을 검색해서 설치하고, 확장 프로그램을 활성화한다.

2) 'Deploy GPTs' 확장 프로그램 설치 후 처음 실행하면 설정 화면이 나타나는데 이
곳에 OpenAI의 API 키를 발급받아 입력한다. (platform.openai.com/api-
keys)

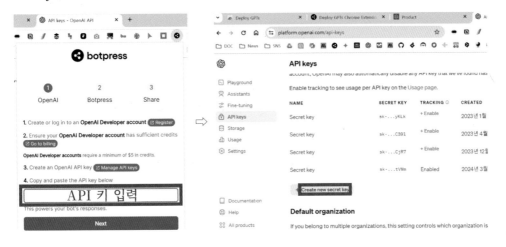

3) OpenAI의 API 키를 입력한 후 Botpress 홈페이지에서 또 다른 API 키를 발급받
아 확장 프로그램에 붙여넣기를 한다. (botpress.com/)

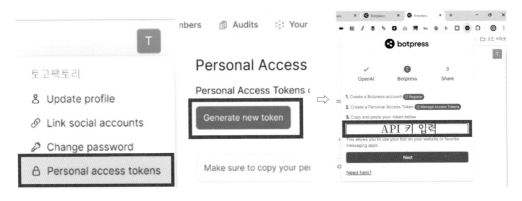

4) 'Deploy GPTs' 확장 프로그램을 설치하고 두 개의 API 키를 입력했으면 이제 원하
는 GPTs 사이트에서 Botpress 확장 프로그램 아이콘을 클릭만 하면 된다. 그러면
GPTs 기능이 포함된 Botpress 챗봇이 새 창에 열리고 링크를 공유할 수 있다.

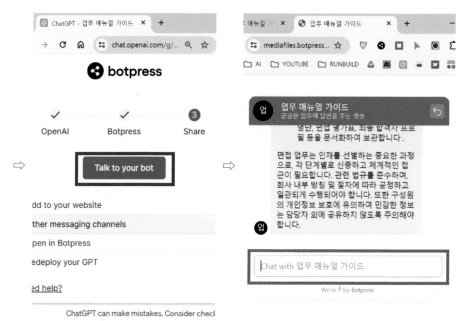

5) Botpress로 변환된 GPTs 챗봇은 특정 웹사이트에 넣을 수 있는 삽입 코드를 제공해 주는데, 이 코드를 복사하여 홈페이지에 붙여넣기를 하면 홈페이지 안에서 작동하는 챗봇이 완성된다.

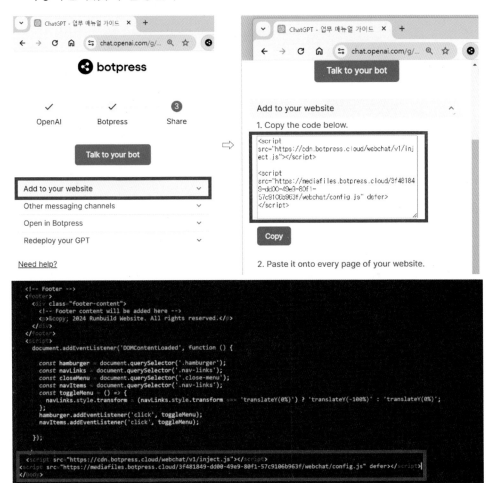

6) 이렇게 봇프레스와 연동된 GPTs 챗봇을 배포하면 누구나 챗GPT 회원에 가입하지 않아도 내가 만든 GPTs 챗봇을 사용할 수 있다.

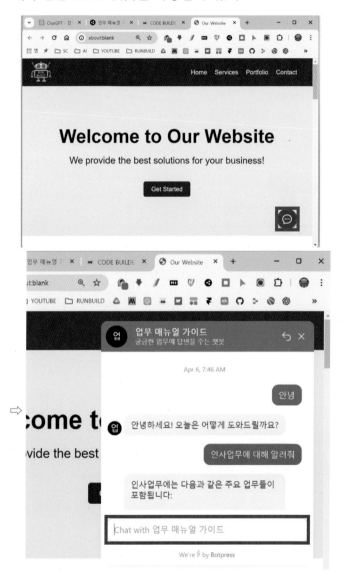

이처럼 'ChatGPTs Deploy' 확장 프로그램은 일반인의 GPTs의 접근성을 크게 높여 준다. GPTs를 통해 웹사이트 방문자와 상담할 수 있고 챗봇을 통한 업무 매뉴얼 지원까지 GPTs의 장점을 폭넓게 활용할 수 있다.

16. 봇프레스로 코딩 없이 무료로 고객 상담 챗봇 만들기

앞서 'Botpress'의 확장 프로그램과 챗GPT의 GPTs를 이용하여 업무용 챗봇을 만들고 배포하는 방법을 알아보았다. 그런데 사실 'Botpress'의 홈페이지에서 직접 챗봇을 구축하면 굳이 GPT 플러스에 가입하거나 유료 API를 사용할 필요 없이 무료로 챗봇을 만들 수 있다.

Botpress에서 챗봇을 제작하는 방법은 이야기의 흐름에 따라 챗봇이 해야 할 일을 카드로 연결해 주는 형식이다. 지금부터 제품에 대한 고객의 문의를 상담해 주는 챗봇을 만들어 보면서 사용법을 익혀 보자.

1) 시작: 'Botpress'에 회원 가입을 하고 로그인을 한다. 대시보드 화면에서 우리가 만든 챗봇을 모두 볼 수 있다. 만일 이전 챕터에서 GPTs와 'Botpress 확장 프로그램'을 이용한 챗봇을 만들었다면 대시보드에 표시가 되어 있을 것이다. 'New Bot'을 클릭하고 빈 템플릿으로부터 챗봇 만들기를 시작한다.

2) 노드 삭제: 빈 템플릿으로 시작을 해도 편집 화면에 몇 개의 기본 노드가 표시되
   는데 'Start', 'End' 노드만 남겨 두고 나머지 노드는 필요 없으니 삭제하도록 하
   자. 삭제는 우클릭하고 'Delete' 메뉴를 선택하면 된다.

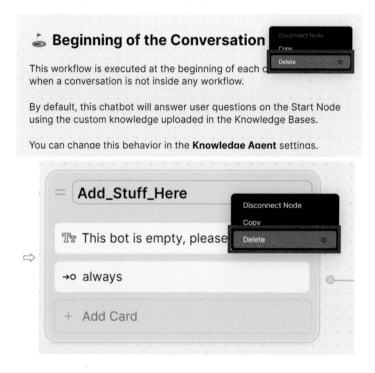

3) 노드 및 카드 추가: 편집 화면 빈 곳에 우클릭을 하고 'Standard Node'를 선택하면
   새로운 노드가 생긴다. 챗봇의 시작 인사말을 표시하기 위해 노드 안에 카드를 추가해
   보자. 'Add card'를 선택하고 좌측의 카드 선택 메뉴에서 'Text' 카드를 선택한다.

4) 카드 편집: 노드 안에 생성된 'Text' 카드를 선택하면 우측 사이드바에서 카드의
세부 설정을 입력할 수 있다. 이곳에 "안녕하세요, 무엇을 도와드릴까요?"라고 입
력한다. 챗봇이 시작되면 상담사 이미지도 표시해 주기 위해 같은 방법으로
'Text' 카드 아래에 이미지 카드도 추가하고 상담사 이미지도 넣어 보자.

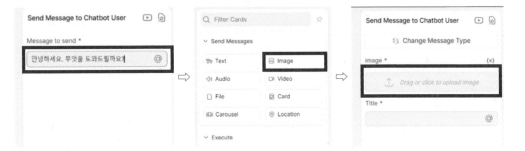

5) 이제 'Start' 노드와 인사말 노드를 연결하고 우측의 'Emulator'라고 되어 있는
미리 보기 화면에서 테스트를 해 보자. 미리 보기 아래 채팅창에 'hi'라고 입력하
면 챗봇이 인사하고 우리가 업로드한 이미지가 나타나는 것을 볼 수 있다. (미리
보기 창에 글을 입력할 때에 한글은 오류가 발생할 가능성이 있으므로 영어를 사
용하는 것이 좋다. 단, 실제 배포할 때에는 한글을 사용해도 아무 문제 없다.)

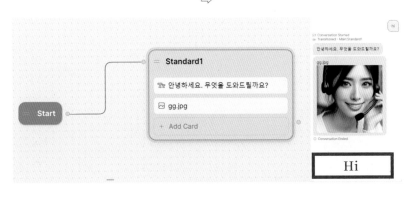

6) 이제 고객의 질문에 답변할 수 있도록 노드를 추가하고 'Raw Input' 카드를 삽입한다. 'Raw Input' 카드의 세부 설정에는 사용자에게 질문할 내용을 입력한다.

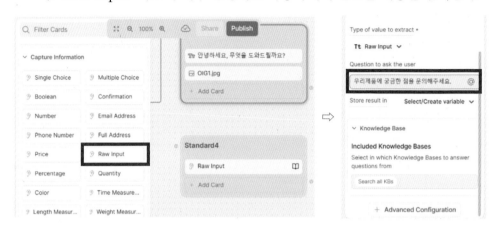

7) 사용자의 질문에 따라 관련 매뉴얼을 참조하여 응답할 수 있도록 지식창고 (Knowledge Base)에 PDF로 된 매뉴얼 파일을 업로드한다.

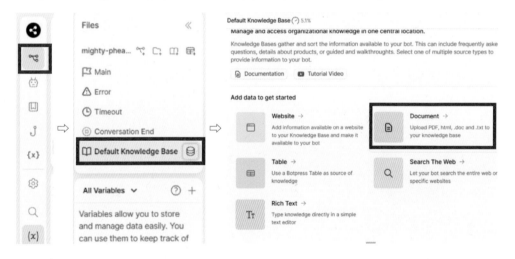

8) 이제 사용자가 질문을 입력하면 지식창고(KB)에서 적절한 답변을 찾아 응답한다.
그런 다음 플로우 로직에서 'Expression' 카드를 삽입해서 답변에 따라 다른 응
답 결과를 보여 줄 수 있도록 한다. 'Expression' 카드는 노드의 특정 조건에 따
라 각각 다른 노드로 이동할 수 있도록 하는 카드이다.

9) 두 개의 플로우 로직 카드의 라벨에 진행 조건을 자연어로 입력하면 아래의 세부
설정 조건(Condition)이 자동으로 입력된다.

① 지식창고에서 답변을 찾았을 때: event.kb.results.length > 0
{{turn.KnowledgeAgent.responded}}

② 지식창고에서 답변을 못 찾았을 때: event.kb.results.length === 0
{{!turn.KnowledgeAgent.responded}}

10) 만일 사용자의 질문에 대한 답변을 찾을 수 없을 때는 "답변을 드릴 자료가 없습니다. 다른 질문을 해 주세요."라는 표시를 하고, 만일 답변이 완료되었다면 "감사합니다."라는 표시를 해 줄 수 있도록 플로우 로직 카드에 노드를 연결해 보자.

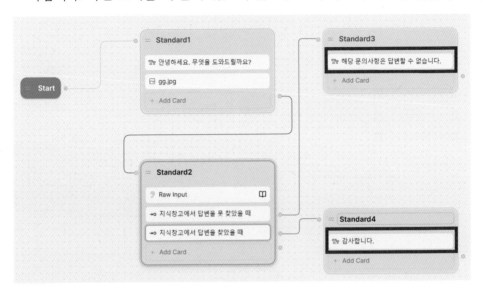

11) 마지막으로 답변을 못 찾았을 때 다시 다른 질문을 유도할 수 있도록 답변 없음 노드와 문의 사항 입력 노드를 연결해 준다.

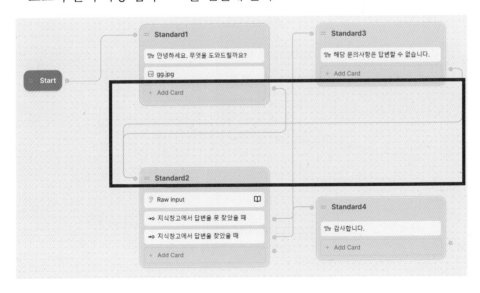

12) 이렇게 완성한 챗봇은 미리 보기에서 테스트 후에 이상이 없다면 'Publish'를
하고 'Share' 버튼을 클릭하면 배포 가능한 챗봇 링크가 생성된다. 챗봇 링크를
직접 배포할 수도 있고, 이 챗봇을 회사 웹사이트에 삽입하여 배포할 수도 있다.

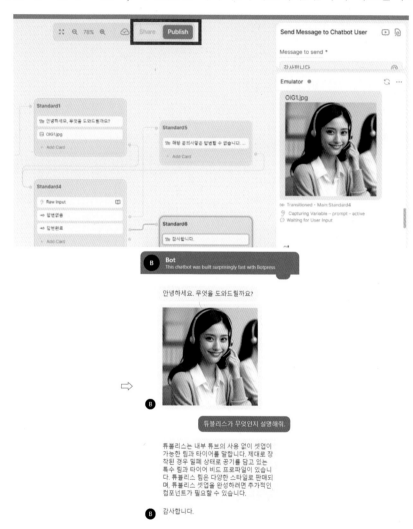

이와 같이 'BotPress'를 활용하면 고객 응대용 챗봇뿐만 아니라 보안이 중요한 고민
상담 챗봇, 사내 위키 등 다양한 업무에 활용할 수 있는 챗봇을 코딩이나 개발에 대한
지식 없이도 누구나 만들 수 있다.

17. 최신 GPT-4o 챗봇으로 다양한 업무 자동화하기

챗GPT의 최신 모델인 GPT-4o는 이전 모델인 GPT-3.5와 GPT-4에 비해 더욱 빠른 응답 속도와 자연스러운 대화 능력을 갖추고 있다. 또한, 데이터 인식 및 분석 기능이 크게 향상되어 차트 이미지 해석, 밈 동영상 이해, 엑셀 파일 분석 등 다양한 파일을 효과적으로 처리할 수 있다.

GPT-4o의 'o'는 옴니(omni)를 의미하며, 이는 '모든 것' 또는 '보편적'을 뜻한다. GPT-4o는 이제 모든 것을 다 할 수 있는 인공지능, 즉 사실상의 일반 인공지능(AGI)을 지향하며 '모든 인터페이스 방식'을 지원하는 멀티모달의 기능을 일반화한다는 의미로도 볼 수도 있다. 기존의 멀티모달에서는 입력된 텍스트, 음성, 이미지를 서로 다른 AI 엔진이 개별적으로 처리한 후 이를 통합하는 방식으로 동작해야 했기 때문에 처리 속도가 느린 편이었지만, GPT-4o는 하나의 엔진이 동시에 여러 가지 유형의 인터페이스 데이터를 처리하게 된다. 따라서 기존 서비스에 비해 더 빠르고 종합적으로 이해하고 대응하는 것이 가능하다.

게다가 이러한 탁월한 성능을 보이는 최신 GPT-4o 모델은 누구나 사용할 수 있도록 일반인들에게 무상으로 제공된다. 물론 무료 사용자는 몇 가지 기능 제한은 있지만 이제 무료/유료 사용자 모두 GPT-4o를 사용하여 보다 효과적으로 다양한 업무를 할 수 있게 되었다. 그렇다면 GPT-4o를 이용해서 어떤 업무를 효과적으로 할 수 있는지 알아보자.

1) 향상된 데이터 분석 기능: 챗GPT에 파일을 추가 하고 작업을 지시하면 챗GPT가 알아서 작업 수행을 위한 파이썬 코드를 작성하고 실행하여 데이터 분석 및 작업을 처리한다. 이를 통해 데이터에 대한 심층 분석을 더 쉽게 수행할 수 있고 일반적인 데이터 정리 작업에 소요되는 시간을 절약할 수 있다. 파일을 추가할 때는 컴퓨터에 있는 파일뿐만 아니라 Google Drive와 Microsoft OneDrive의 파일도 추가하고 상호 작용할 수 있다.

① 엑셀 작업: 엑셀 함수를 몰라도 파일을 추가하고 데이터 분석 및 데이터 추가, 서식 변경을 할 수 있다.

- 예시: "첨부한 엑셀 파일은 학생들의 성적표야. 새로운 열을 만들어서 학생별 평균 점수를 빨간색으로 표시해 주고, 평균 점수가 가장 높은 학생부터 정렬해서 다운로드할 수 있게 해 줘."

② 데이터 시각화: 데이터를 막대, 꺾은선, 원형 차트 등으로 시각화하고 인사이트를 도출할 수 있다. 차트 작업을 할 때 한글 범례일 경우 표시가 안 될 수 있는데 한글 폰트를 챗GPT에 설치하면 제대로 된 한글 범례를 표시할 수 있다. (한글 폰트 : https://pypi.org/project/koreanize-matplotlib/#files)

- 예시: "첨부한 두 개의 엑셀 파일은 1학기와 2학기 시험 성적표야. 학생들의 성적 변화를 시각화할 수 있도록 적절한 그래프를 생성해서 새로운 시트에 추가해 주고 성적 향상을 위해 각 학생에게 상담해 줄 수 있는 피드백을 작성해서 상담용 표도 새로운 시트에 추가해 줘. 첨부한 한글 폰트를 설치해서 차트를 생성해 줘."

③ 영수증 데이터 정리: 향상된 OCR 기능으로 대량의 이미지 파일 분석 및 정리 작업이 가능하다.

첨부한 5개의 영수증에서 '날짜, 거래처, 사용금액, 사용항목'을 표로 정리해줘

④ 동영상 데이터 처리: 동영상 파일을 업로드하여 프레임 단위로 분석하거나 동영상의
　　 크기를 조절하는 등의 다양한 동영상 편집 작업이 가능하다.

- 예시: "첨부한 WMV 동영상 파일을 2초당 1프레임으로 나눠서 각 프레임을 분석
　　 해 동영상이 어떤 상황인지 설명해 줘. 가장 흥미로운 30초 구간을 골라서
　　 재생 속도는 1.5배속으로 하고 소리는 제거한 후에 MP4 형식으로 다운로드
　　 할 수 있게 해 줘."

2) 향상된 멀티모달: 텍스트와 이미지를 함께 이해하고 생성할 수 있는 멀티모달 기
능이 향상되어 업로드된 이미지의 복잡한 상황이나 이미지에 포함된 글자를 정확
히 이해하고 구체적인 응답을 제공한다. 게다가 이미지 편집 기능이 개선되어 생
성된 이미지를 간편하게 수정할 수 있다.

① 여행 사진 정보 제공: 업로드한 여행 사진에 대한 설명과 함께 다양한 여행 정보
　　 를 제공할 수 있다.

- 예시: "여름방학 여행 계획을 세우고 있는데, 사진의 여행지에 대한 맛집 정보와
　　 추천 명소, 여행 일정을 알려 줘."

② 제품 사진 정보 제공: 업로드된 제품 이미지의 특징을 분석하고 관련 정보 제공이
　　 가능하다.

- 예시: "전기 자전거를 사고 싶은데 업로드한 사진의 자전거는 어떤지 구매 결정을
　　 위한 정보를 제공해 줘."

③ 글쓰기 과제 분석: 향상된 OCR 기능으로 큰 글씨뿐만 아니라 작고 흐릿한 글자
　　 또한 인식이 가능하다.

- 예시: "첨부한 이미지는 학생이 손 글씨로 작성한 과제야. 학생이 제출한 과제의
　　 전체 내용을 추출해 주고, 피드백할 부분을 리스트로 보여 줘."

④ 개선된 이미지 편집: 생성된 이미지의 편집할 부분을 선택하고 수정할 내용을 입력하면 선택된 부분만 이미지를 수정할 수 있어 일관된 이미지 편집이 가능하다.

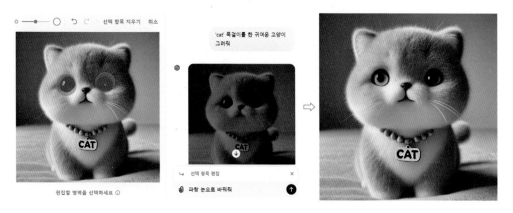

3) 빠르고 풍부한 음성 인식 및 생성: GPT-4o의 업그레이드된 기능 중 가장 돋보이는 것이 응답 속도이다. 특히 음성 모드로 사용할 때 응답 속도가 0.2~0.3초 수준으로 마치 사람과 대화하는 듯한 자연스러움을 느낄 수 있게 해 준다. 게다가 음성을 분석하고 표현하는 성능도 향상되어 보다 더 자연스러운 대화가 가능하다.

① 통역: 50개 이상의 언어로 번역이 가능하므로 핸드폰 앱으로 외국어를 몰라도 실시간 번역을 통해 외국인과 빠르게 대화가 가능하다.
- 예시: "지금 외국인 친구와 대화 중인데 통역사 역할을 해 줘. 지금부터 한국어를 얘기하면 영어로 통역하고, 영어를 얘기하면 한국어로 통역해 줘"

② 상담: 목소리의 톤을 분석하여 말하는 사람의 감정을 인식할 뿐만 아니라 다양한 억양과 톤으로 음성을 생성하여 감정 표현이 가능하다.
- 예시: "개그콘서트 시나리오를 작성 중인데 지금부터 넌 관객 역할을 해서 내가 이야기하는 콩트에 반응해 줘. 웃거나 울거나 감정을 담아서 내 얘기에 반응해 줘."

③ 영어 공부: 영어 공부는 GPT-4o의 개선된 음성 인식 기능을 가장 효과적으로 이
용할 수 있는 분야이다.

- 예시: "너는 영어 강사고 난 한국 학생이야. 영어 말하기 연습을 위해 역할극을 해
보자. 가정할 역할극 상황과 좋은 방법을 추천해 주고 함께해 보자."

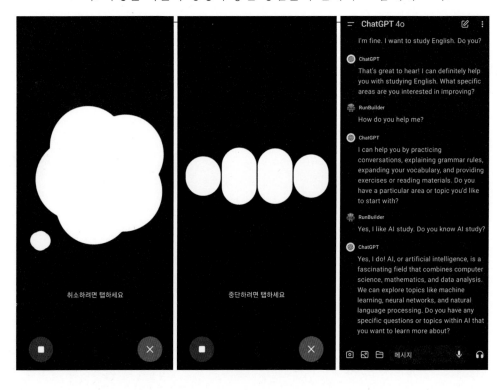

3장

콘텐츠 개발 및 수익화를 위한 AI 활용

1. AI 도구로 간편하게 시장조사 데이터 분석하기
2. 클로드 AI로 사업 계획서 작성 자동화하기
3. 프레이머를 활용한 페이지 제작 자동화로 마케팅 효과 높이기
4. 이미지 생성 AI 도구로 감각적인 로고 디자인하기
5. 클로드 AI 코딩으로 나만의 웹사이트 만들기
6. 배너를 활용한 웹사이트 수익화하기
7. 구글 애널리틱스로 웹사이트 방문자 데이터 수집 및 분석하기
8. GPTs로 수익 나는 유튜브 채널 만들기
9. 캔바를 활용한 영상 대량 생산 자동화하기
10. 메트리쿨을 활용한 유튜브 콘텐츠 발행 자동화하기

1. AI 도구로 간편하게 시장조사 데이터 분석하기

새로운 사업을 통해 수익을 내거나 상품의 매출을 끌어올리고 싶다면 시장조사와 데이터 분석부터 시작해야 한다. 고객이 무엇을 원하는지, 경쟁사는 어떤 전략을 취하는지를 알아야 승산 있는 사업 계획을 세울 수 있기 때문이다.

특히 최근에는 시장조사 및 데이터 분석을 위한 다양한 AI 서비스가 출시되어 시장 상황과 유의미한 데이터를 보다 쉽고 빠르게 파악할 수 있다. 무료로 이용할 수 있는 대표적인 AI 데이터 분석 도구 4가지를 살펴보자.

1) 네이버 데이터랩: 네이버 데이터랩은 네이버에서 제공하는 빅
　데이터 분석 플랫폼으로, 다양한 키워드와 트렌드 정보를 시

> **네이버 데이터랩**
> datalab.naver.com

각화하여 사용자에게 제공한다. '검색어 트렌드'에서 관심 있는 주제 및 검색어를 입력하고 검색 기간을 설정하면 설정한 기간 동안 사람들이 해당 키워드로 검색한 양을 살펴볼 수 있다.

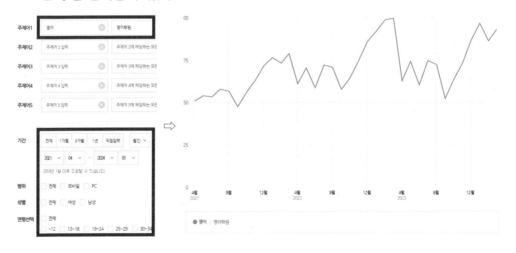

위의 데이터를 보면 '영어'는 겨울에 관심도가 집중되고 추세적으로 매년 관심도가 높아지는 것을 확인할 수 있다. 여기서 주제어를 하나가 아니라 여러 개를 한꺼번에 검색하면 관심 있는 주제나 상품의 검색량을 비교해 볼 수도 있다.

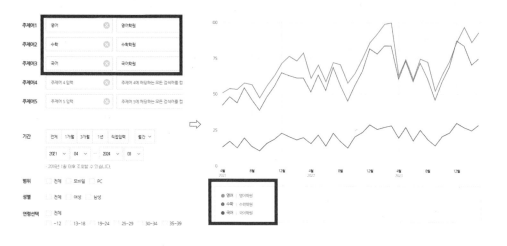

2) 네이버 검색 광고: 네이버 검색 광고는 네이버 검색 결과에 광고를 노출하여 사람들이 얼마나 해당 광고를 클릭하는지를 분석

네이버 검색 광고
searchad.naver.com/

함으로써 해당 상품에 대한 사람들의 관심도를 파악할 수 있는 도구이다. 특히 키워드 도구의 경우 특정 키워드의 검색 및 클릭 수와 더불어서 연관 키워드의 데이터도 함께 보여 주기 때문에 상품의 메인 키워드를 정할 때 유용하게 사용할 수 있다. 예를 들어, '영어 공부'로 키워드를 검색을 했을 때 '영어 공부 혼자하기' 검색량과 클릭률이 높기 때문에 '영어' 학습 관련 서비스를 출시할 경우 이러한 점을 참고해서 서비스 상품을 준비하는 것이 유리하다고 판단할 수 있다.

3) 블랙키위: 블랙키위는 키워드 검색에 특화된 데이터 분석 서비스이다. 특정 키워드를 입력하면 해당 키워드의 검색량과 연관 키

블랙키위
searchad.naver.com/

워드, 기간별 키워드, 콘텐츠 발행량 등의 다양한 데이터 분석 결과를 얻을 수 있다.

4) 판다랭크: 판다랭크는 AI 기술이 접목된 랭킹 분석 도구로서 더욱 심층적인 데이터 분석이 가능하다. 특히 블로그나 SNS, 유튜브 등 디지털 콘텐츠 채널을 개설하려고 할 때 해당 분야에서 영향력이 높은 계정의 랭킹을 확인할 수 있고, 카테고리별 상품의 검색 및 판매량 순위도 쉽게 파악할 수 있다.

이처럼 디지털 분석 도구를 활용하여 시장조사를 하다 보면 사업 아이템에 대한 특별한 인사이트를 건져낼 수 있다. 데이터 분석에서 가장 중요한 것은 맥락을 읽는 통찰력이다. 숫자의 이면에 감춰진 고객의 니즈를 발견하는 눈을 키워야 한다. AI는 방대한 데이터를 순식간에 분석해 객관적 근거를 제시하지만, 거기서 유의미한 해석을 끌어내는 것은 사람의 몫이다. 이러한 방법으로 시장의 맥을 찾았다면 이를 토대로 사업을 본격적으로 설계해 볼 수 있다.

2. 클로드 AI로 사업 계획서 작성을 자동화하기

시장조사를 통해 유망한 사업 아이템을 발굴했다면 이제 본격적으로 사업 준비에 돌입할 때이다. 만일 사업 준비를 위한 자본금이 부족한 경우 투자를 받는 것도 고려해볼 수 있다. 사업 계획서는 투자 유치의 성패를 가늠하는 첫걸음이라 할 수 있다. 하지만 처음 사업 계획서를 쓰는 이들에게는 낯설고 버거운 작업일 수밖에 없다.

1) 이럴 때 AI를 활용한다면 사업 계획서 작성을 한결 수월하게 시작할 수 있다. 예를 들어, '클로드'에서 "투자 계획서에 포함되어야 할 핵심 사항은 무엇인가요?"라고 물어보자. 그러면 AI가 사업 개요, 시장 분석, 마케팅 계획, 재무 계획 등 사업 계획서의 필수 구성 요소를 친절히 알려줄 것이다.

☀ Claude

① 투자계획서에 포함되어야 할 핵심 사항은 무엇인가요?

투자계획서에는 다음과 같은 핵심 사항이 포함되어야 합니다:

1. 사업 개요: 사업의 목적, 비전, 미션, 목표 등을 간략하게 소개합니다.
2. 시장 분석: 목표 시장의 규모, 성장성, 경쟁 상황 등을 조사하고 분석합니다. 사업 기회와 위협 요인을 파악합니다.
3. 제품/서비스 설명: 제공할 제품 또는 서비스의 특징, 장점, 차별성 등을 구체적으로 설명합니다.
4. 마케팅 및 영업 전략: 목표 고객을 명확히 하고, 이들에게 효과적으로 접근할 수 있는 마케팅 및 영업 전략을 수립합니다.

1장 일상 생활에서의 AI 활용

2장 업무 자동화를 위한 AI 활용

3장 트렌드 개발 및 수익화를 위한 AI 활용

4장 깊이 있는 수업을 위한 AI 활용

2) 이제 "위 내용을 바탕으로 '영어 공부 혼자하기' 앱 서비스 사업에 대한 투자 유치
계획서를 작성해 주세요."라고 프롬프트를 입력하면 사업 계획서 초안이 금세 만
들어진다. 내용을 꼼꼼히 살펴보면서 부족한 부분은 계속 피드백을 주고 계속 수
정을 요청하면 사업 계획서의 완성도를 높여 갈 수 있다.

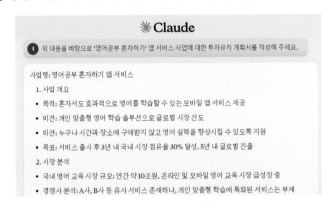

3) 이렇게 최종 사업 계획서가 완성되었다면 해당 내용을 바탕으로 감마 서비스에서
프레젠테이션 발표 자료까지 순식간에 만들어 낼 수 있다.

생성된 발표 자료는 웹사이트로도 게시할 수 있으므로 더 많은 투자자에게 노출시키
고 신뢰도를 높여 투자 유치를 어필할 수 있다. 사업 계획서뿐만 아니라 제품 소개서, 회
사 소개서, 영업 제안서 등 각종 비즈니스 문서 작성에 AI를 활용해 보자. 글쓰기에 자신
없는 사람들도 AI를 활용하면 사업 아이디어를 멋진 문서로 표현해 낼 수 있을 것이다.

3. 프레이머를 활용한 페이지 제작 자동화로 마케팅 효과 높이기

시장조사를 통해 발굴해 낸 아이템으로 사업 계획서도 만들고 서비스 기획도 했다면 이제 홍보를 위한 상세 페이지를 만들어 보자.

> **프레이머**
> www.framer.com

소비자들은 상품 정보를 상세 페이지에서 주로 접하고 구매를 결정하곤 한다. 그렇기 때문에 제품의 장점을 돋보이게 하면서 구매 유도까지 할 수 있는 상세 페이지를 만드는 것은 마케팅의 중요한 포인트가 된다. 하지만 전문 디자이너에게 의뢰하자니 제작 비용이 부담되고, 그렇다고 디자인 감각 없는 내가 직접 만들기에는 한계가 있어 보인다. 바로 이럴 때 Framer의 AI 디자인 도구를 활용하면 코딩 없이도 감각적인 상세 페이지를 손쉽게 제작할 수 있다.

1) Framer에 로그인 후 New Project를 클릭하고 'Action > Generate page'를 선택한다. 프롬프트를 입력하는 창이 뜨면 "'영어공부 혼자하기' '앱 서비스 상세 페이지'"라고 적은 뒤 'Start'를 누르면 순식간에 세련된 상세 페이지 디자인이 완성된다.

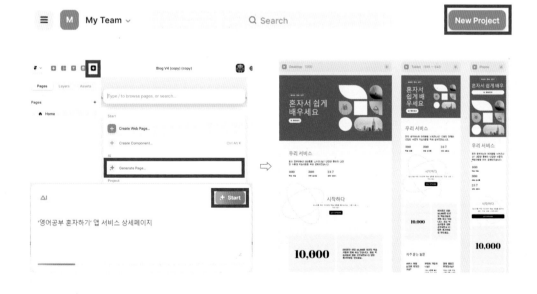

2) 이렇게 완성된 상세 페이지의 글자 및 이미지는 자유롭게 수정할 수 있다. 수정할 요소를 선택한 뒤 별 모양의 AI 버튼을 클릭하고 수정할 내용을 요청하면 설명문을 다채롭게 변경할 수 있고 'Palette'에서 디자인 테마도 바꿀 수 있다.

3) 'HTML to Framer' 크롬 익스텐션을 설치하면 다른 사이트 디자인을 프레이머로 가져와서 재사용할 수도 있다.

프레이머 크롬 익스텐션
https://x.gd/CKBzF

4) 프레이머 확장 프로그램 사용 방법은 디자인을 가져오려는 사이트에서 '프레이머' 확
장 프로그램 아이콘을 클릭한 뒤 원하는 디자인 영역을 클릭하면 해당 요소가 복사
된다. 그리고 '프레이머'에 붙여넣기만 하면 된다. 이렇게 만든 상세 페이지를 조금씩
다듬으면서 창의적인 상세 페이지를 구성해 나갈 수 있다.

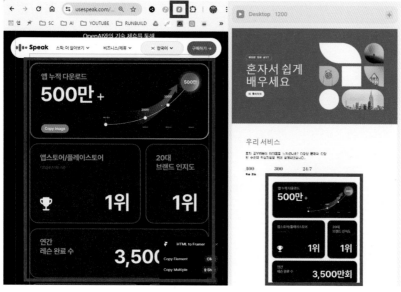

(예시: http://gg.gg/1a79sy)

5) 상세 페이지를 완성하고 'Publish' 버튼을 클릭하면 상세 페이지를 배포할 수 있
다. 디자인을 완성함과 동시에 상품 홍보에 돌입할 수 있게 된 것이다.

상세 페이지는 상품의 세일즈맨 역할을 한다. 기능이나 성능 등의 물건 중심의 설명보
다는 소비자 중심의 스토리를 엮어서 구매 욕구를 자극할 수 있도록 상세 페이지를 만드
는 것이 중요하다. 매력적인 디자인에 소비자의 관심을 사로잡을 정보까지 담은 상세 페
이지를 만들면 구매 전환율은 물론 브랜드 인지도까지 향상할 수 있다.

4. 이미지 생성 AI 도구로 감각적인 로고 디자인하기

새로운 제품과 서비스가 넘쳐나는 요즘, 소비자의 눈길을 사로잡기란 여간 어려운 일이 아니다. 그런데 독특하고 세련된 브랜드 로고만 있어도 고객에게 강렬한 인상을 남길 수 있다. 최근 이미지를 생성할 수 있는 다양한 AI 로고 메이커가 등장하면서 쉽고 빠르게 감각적인 로고 제작이 가능해졌다. 브랜드의 성격과 강조할 내용을 입력하면 AI가 창의적인 로고를 만들어 준다. 무료로 이용 가능하면서 성능이 우수한 AI 로고 메이커 세 가지를 살펴보자.

1) 먼저 Logo.com에서 브랜드 명과 슬로건을 입력하면 텍스트 기반의 로고를 자동으로 생성할 수 있다. 원하는 디자인이 나올 때까지 글자와 아이콘, 폰트, 색상 등을 바꿔가며 계속 생성할 수 있다.

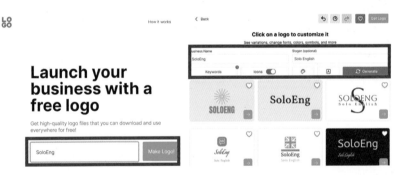

생성된 로고 중에서 마음에 드는 로고를 선택하면 좀 더 디테일한 부분을 수정할 수도 있고 바로 다운로드할 수도 있다. Logo.com은 텍스트 및 이미지, 색상 등을 직접 고르고 편집도 자유롭게 할 수 있는 로고 생성기이다. 무료 사용자일 경우 5개까지 로고 제작이 가능하다.

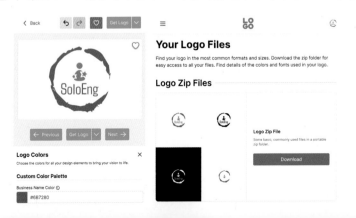

2) 두 번째 stylar.ai를 이용하면 기존 이미지를 활용하여 로고를 제작할 수 있다. 'New project' 메뉴에서 로고 생성에 참고할 이미지를 업로드하고 'Image to Image'를 클릭한다.

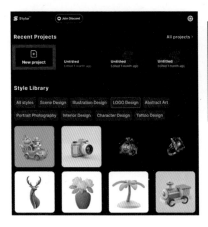
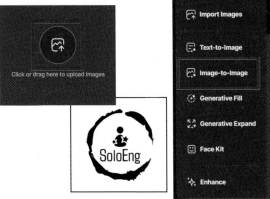

이제 원하는 이미지 스타일을 선택하고 'Stylaize' 버튼을 클릭하면 첨부한 이미지를 AI가 스타일에 맞춰 새롭게 디자인을 해 준다. 스타일 적용 강도를 조절할 수 있어 세부 디자인을 커스터마이징하기에도 좋다.

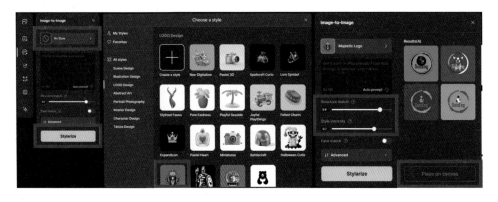

'Stylaize'는 이미지를 이용한 로고 디자인뿐만 아니라 텍스트를 이용한 로고 디자인도 가능하다. 게다가 디자인 편집 기능까지 있기 때문에 다양하게 수정하고 활용할 수 있는 AI 이미지 생성 도구이다.

1장 일상생활에서의 AI 활용

2장 업무 자동화를 위한 AI 활용

3장 콘텐츠 개발 및 수익화를 위한 AI 활용

4장 깊이 있는 수업을 위한 AI 활용

3) 세 번째, ideogram.ai에서 입력란에 만들고 싶은 로고 글자와 프롬프트를 입력
하면 AI가 해당 텍스트를 기반으로 로고 이미지를 생성한다. 이때 사진, 일러스
트, 3D 등 원하는 이미지 스타일 지정이 가능하다.

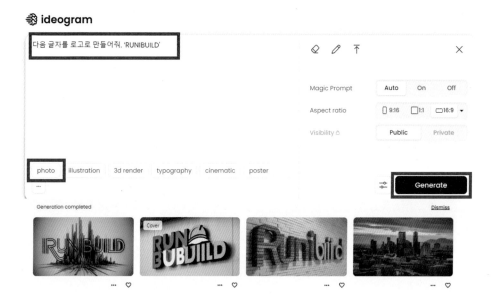

ideogram.ai의 특징은 자체 갤러리에 있는 이미지를 재활용할 수 있다는 것이다.
갤러리에 있는 이미지들 중에서 마음에 드는 이미지를 선택한 후에 'Remix' 버튼을 클
릭하면 해당 이미지 생성에 사용된 프롬프트가 표시되는데, 이 프롬프트를 조금만 수
정하면 좀 더 쉽게 마음에 드는 고퀄리티의 로고를 만들 수 있다.

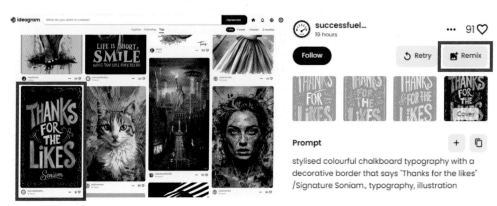

기존 이미지를 리믹스하여 새로운 이미지를 생성할 때 'Image weight' 옵션을 조절하면 원본 이미지와의 유사도를 조절할 수 있다. 100에 가까울수록 기존 이미지와 똑같이 이미지가 생성되고 숫자가 줄어들수록 원본 이미지와 차이 나는 이미지를 생성할 수 있다.

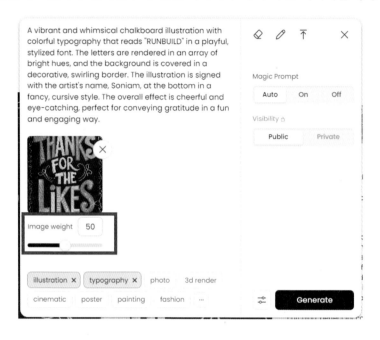

5. 클로드 AI 코딩으로 나만의 웹사이트 만들기

지난 챕터에서 살펴본 '프레이머'와 같은 노코드 서비스는 코딩 없이 클릭 몇 번만으로 쉽게 웹사이트를 만들 수 있는 유용한 도구이다. 하지만 대부분의 노코드 서비스에서 쓸 만한 기능을 제대로 사용하려면 유료 결제를 해야 하는 경우가 많다. 게다가 원하는 기능을 추가하거나 디자인을 조금 더 디테일하게 바꿀 수 없다는 한계가 있다.

결국 비용을 들이지 않고 원하는 웹서비스를 만들고 싶다면 직접 코드를 작성하는 것이 가장 확실한 방법이다. 코딩에 대한 전문적인 지식이 없어도 AI의 도움을 받으면 누구나 코드를 생성하고 원하는 웹서비스(웹앱)를 만들 수 있다.

1) 예를 들어, Claude에게 "할 일을 기록하는 웹앱 코드를 작성해 줘"라고 요청해 보자. 웹앱을 만들 때 사용되는 HTML, CSS, JavaScript 언어를 사용해서 코드를 작성해 준다.

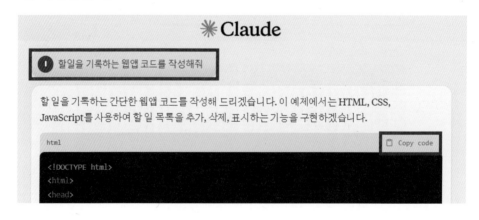

2) 이렇게 작성된 코드는 '클로드'에서 직접 실행은 불가능하기 때문에 코드를 실행해 주는 별도의 서비스를 이용해야 한다.

런빌더
http://runbuild.kr

온라인 코드 편집기 '런빌더'를 이용하면 코드의 결과를 바로 확인해 볼 수 있다. 클로드에서 생성한 코드를 복사한 후에 '런빌더' 입력란에 붙여넣기를 하고 'Run Build' 버튼을 클릭하면 실행된 결과가 새 창에 표시된다.

3) 이처럼 AI를 활용하면 프롬프트 한 줄로 100줄 가까이 되는 코드를 순식간에 작성할 수 있다. 하지만 코드를 실행한 결과물이 썩 마음에 들지 않을 것이다. 한 줄짜리 프롬프트로는 완성도 높은 코드를 얻기 힘들다. 제대로 된 결과물을 얻기 위해서는 원하는 사항을 구체적으로 설명해야 한다.

4) 멋진 이미지를 생성하기 위해 주제, 배경, 색감, 재료, 스타일 등의 다양한 요소를 포함해서 이미지를 묘사하듯이 완성도 높은 웹앱을 만들기 위해서도 주제, 디자인, 기능, 라이브러리, API 등의 요소를 참고해서 구체적으로 웹서비스를 묘사해야 한다.

1장 일상 생활에서의 AI 활용

2장 업무 자동화를 위한 AI 활용

3장 콘텐츠 개발 및 수익화를 위한 AI 활용

4장 깊이 있는 수업을 위한 AI 활용

① '주제'는 건강, 취미, 음식, 환경, 게임 등 웹서비스가 초점을 맞춰야 하는 분야를 좀 더 세분화하여 지정한다. 예컨대 '할 일을 기록하는 웹앱'을 '영단어 외우기 할 일을 기록하는 웹앱'으로 좀 더 구체화하는 것이다.

② '디자인'은 웹앱의 색상, 배경, 레이아웃, 헤더, 푸터, 사이드바 등을 구체적으로 어떻게 구성할지 설명한다. 예를 들어, "브라우저 크기에 따라 모양이 바뀌도록 반응형 디자인을 적용해 줘" 라고 구체적으로 디자인을 묘사하는 것이다.

③ '기능'은 팝업, 드롭다운, 날짜표시, 데이터 가져오기 등 웹앱에 포함할 요소와 각 요소의 기능을 설명한다. "암기할 영단어를 할일로 기록하고 추가 버튼을 누르면 날짜, 내용, 삭제 버튼을 한 줄로 표시해 줘"라고 구체적인 요소와 기능을 지정하는 것이다.

④ '라이브러리'는 특정 기능을 구현하기 위해 다른 사람이 이미 만들어 놓은 코드이다. 무료로 공개되어 있는 라이브러리 코드를 이용하면 직접 개발하지 않고 완성도 높은 코드를 필요에 따라 자유롭게 가져다가 사용할 수 있다. 대표적인 라이브러리는 SweetAlert2(팝업창 띄우기), Tailwind(디자인), Anime.js(애니메이션) 등이 있다. "SweetAlert2, Tailwind 라이브러리를 이용해서 웹앱 코드 작성해 줘"라고 프롬프트에 라이브러리 이름만 명시해 주면 된다.

⑤ 'API'는 다양한 애플리케이션이 서로 데이터를 주고받거나 기능을 사용할 수 있게 하는 규칙이다. 공공데이터포털, OpenAI 등의 민간 기업에서는 그들이 보유한 방대한 데이터와 기능을 사용할 수 있는 방법을 대중에게 공개하여 누구나 사용할 수 있도록 해당 기관의 서버에 접속할 수 있는 URL 형식의 API를 제공한다. 예를 들어, 포켓몬 이미지를 사용하기 위해서 다음과 같이 요청할 수 있다. "포켓몬 API의 포켓몬 이미지 데이터를 사용해서 웹앱 코드 작성해 줘"

지금까지 설명한 5가지 요소를 모두 포함시켜 기존의 프롬프트를 구체적으로 다시 작성하면 보다 더 완성도 높은 웹앱 코드를 얻을 수 있다.

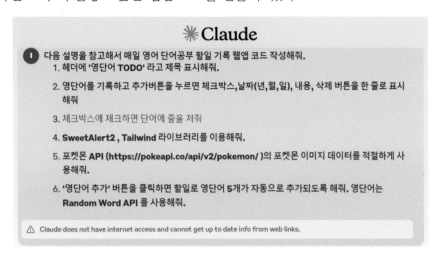

5) 이렇게 만들어진 코드를 복사해서 '런빌더'에 붙여넣기를 하고 실행해 보면 기존에 만들었던 웹서비스와 확연히 달라진 디자인과 기능을 확인해 볼 수 있다.

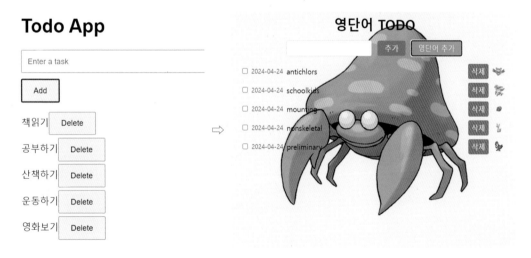

만일 실행된 코드가 마음에 들지 않거나 추가적으로 필요한 기능이 있다면, 해당 내용을 수정/추가해 달라고 요청한다. 이렇게 구체적인 프롬프트로 코드를 만들고 조금씩 코드를 수정해 나가면 원하는 프로그램을 손쉽게 만들 수 있다.

6) 완성된 코드를 무료 호스팅 서버에 올리면 실제 웹에 배포할 수 있다. 일반적으로 가장 많이 사용되는 '깃허브' 플랫폼에 코드를 저장하고 배포해 보자. 우선 런빌더에서 해당 코드를 HTML 파일로 다운로드한다.

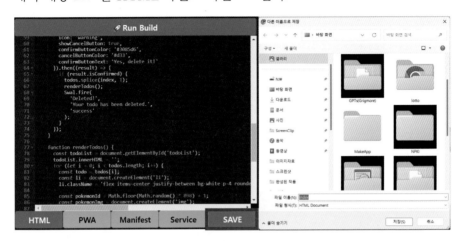

7) 깃허브에 로그인 후 'New' 버튼을 클릭하고 코드를 업로드할 Repository를 만든다. Repository는 깃허브에서 폴더 역할을 하는 저장소다. 저장소 이름을 정하고 해당 저장소를 설명하는 파일도 함께 생성되도록 'Add a README file'에 체크한다.

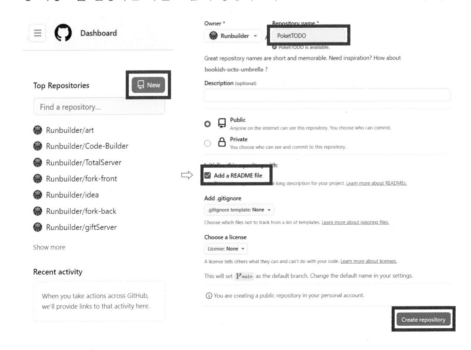

8) 이렇게 만들어진 깃허브 저장소에 다운로드한 index.html 파일을 업로드한다.
파일을 올린 후에 확인 버튼인 'Commit changes' 버튼을 눌러야 최종적으로
업로드가 완료된다.

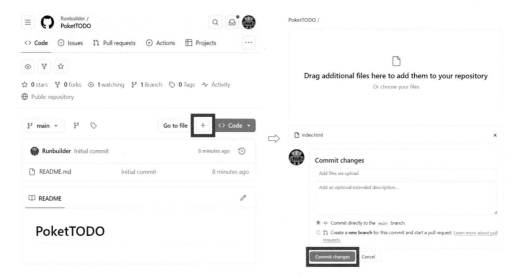

9) 업로드 후에 'Settings' 메뉴로 가서 'Pages'의 'Branch' 옵션을 'main'으로 변
경하고 저장을 하면 잠시 후에 웹페이지를 배포할 수 있는 링크가 생성된다.

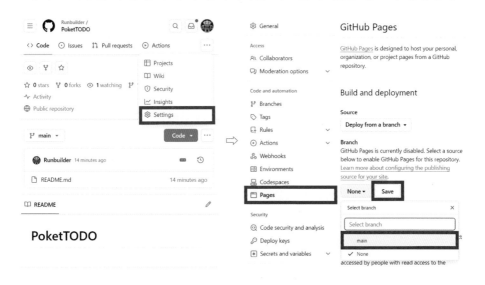

GitHub Pages

GitHub Pages is designed to host your personal, organization, or project pages from a GitHub repository.

10) 배포 후에도 깃허브의 파일 편집기를 통해 언제든지 코드를 업데이트할 수 있다. 웹서비스는 한 번 배포하고 끝나는 것이 아니라 사용자의 반응을 보면서 끊임없이 코드를 수정하고 발전시켜 나가는 것이 중요하다.

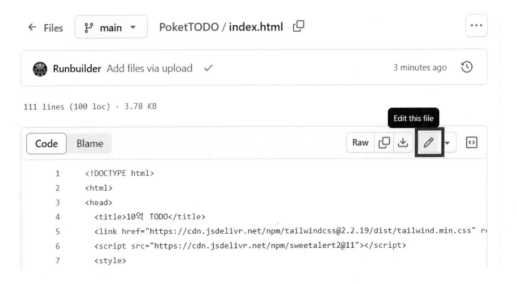

이처럼 AI를 활용하면 개발 경험이 전무한 초보자도 제법 쓸만한 웹서비스를 쉽게 만들어 낼 수 있다.

6. 배너를 활용한 웹사이트 수익화하기

AI를 활용하여 쓸만한 웹서비스를 만들고 배포까지 했다면 이제 **쿠팡 파트너스** partners.coupang.com 배너광고를 붙이고 수익화도 할 수 있다. 배너광고는 웹사이트에서 수익을 낼 수 있는 가장 간단한 방법 중 하나이다. 배너 코드를 제공하는 회사의 광고를 가져와서 내 사이트에 붙이면 사이트에 방문한 사람들이 늘어날수록 광고 회사로부터 일정 금액의 수수료를 받을 수 있다.

구글, 쿠팡, 알리, 카카오 등 많은 회사에서 배너 코드를 제공하고 있다. 코드를 활용하는 방식은 거의 비슷하다. 해당 플랫폼에 가입하면 배너를 붙일 수 있는 코드가 생성되고, 그 코드를 복사하여 나의 웹사이트에 붙여넣기 하면 된다. 예를 들어, 쿠팡의 경우 쿠팡 파트너스에 가입하면 웹사이트에 삽입할 수 있는 다양한 형태의 배너를 제공해 준다.

1) 쿠팡에서 제공하는 배너 중에 원하는 스타일의 배너를 선택하면 배너 코드를 가져올 수 있다. 이 중에서 '다이나믹 배너'는 상품이 움직이는 이미지로 제공되는 배너이다. '배너 생성' 버튼을 클릭하고 설정 정보를 입력하면 배너를 만들 수 있다.

2) 다이나믹 배너의 제목을 입력하고 원하는 배너 타입을 선택한다. '고객 관심 기반 추천'은 사용자의 관심사를 분석하여 맞춤형 상품을 제공하는 형태이다.

3) 배너 설정 화면 아래에 미리 보기를 참고해서 배너의 너비나 높이 등을 조절한다. 배너 설정을 마치고 '배너 만들기' 버튼을 클릭하면 배너 코드가 생성된다.

4) 이제 생성된 코드를 복사하고 내가 만든 웹사이트에 붙여넣기만 하면 된다. 깃허
브에서 내가 업로드한 웹사이트의 index.html 파일을 선택하고 연필 모양의 편
집 버튼을 클릭한다.

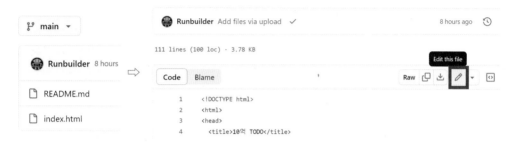

5) 기존 코드의 '</body>' 태그 바로 위에 복사한 배너 코드를 붙여 넣는다. 그리고
'Commit Change' 버튼을 눌러 수정된 코드를 저장하고, 배너가 제대로 표시되
는지 확인한다.

　만약 좀 더 수정이 필요한 부분이 있다면, 전체 코드를 복사해서 AI 챗봇에게 수정
할 내용을 요청하는 것도 좋은 방법이다. 이제 웹사이트를 꾸준히 개선하고 관리하여
많은 사람이 지속적으로 방문하도록 만들면 된다. 사용자가 늘어날수록 수익 창출의
기회도 커질 것이다.

7. 구글 애널리틱스로 웹사이트 방문자 데이터 수집 및 분석하기

웹사이트를 만들고 배포한 후 웹사이트가 비즈니스에 어떤 도움 구글 애널리틱스 analytics.google.com
이 되는지, 어떤 부분을 개선해야 하는지 알기 위해서는 웹사이트
를 방문한 사용자의 행동을 추적하고 분석해야 한다.

유튜버들이 분석 도구를 활용하여 구독자 수, 영상 조회 수, 시청 지속 시간 등을 모
니터링하며 콘텐츠 전략을 세우듯이, 웹사이트 운영자도 방문자 데이터를 분석할 수 있
는 '구글 애널리틱스'라는 도구를 사용하면 방문자 데이터를 수집하고 웹사이트를 쉽게
분석할 수 있다.

1) analytics.google.com에 로그인하고 '만들기' 버튼을 클릭한 후 '계정'을 선택한
   다. 계정은 사용자의 이름을 설정하는 단계이다. 사용자 이름을 만들어야 사용자
   이름으로 사이트 정보인 '속성'을 만들 수 있다.

2) 계정 이름을 생성했다면 '다음'으로 속성 정보를 입력한다. 속성 정보는 분석할 사이트 정보로서 '사이트 이름', '사이트 분석 시간', '통화 표시'를 설정한다.

속성 만들기

웹 및 앱 데이터를 측정하려면 Google 애널리틱스 4 속성을 만드세요. 생성하는 각 속성에는 선택한 웹사이트 및 앱에 대한 모든 측정 데이터가 포함됩니다.

시설 세부정보

속성 이름(필수)

TODO앱

보고 시간대 ⑦

대한민국 ▾   (GMT+09:00) 대한민국 시간 ▾

통화

대한민국 원 (₩) ▾

나중에 관리 메뉴에서 이러한 속성 세부정보를 수정하실 수 있습니다.

3) 계정과 속성 정보를 입력한 다음 비즈니스 세부 정보와 목표를 대략적으로 설정하고 '만들기' 버튼을 클릭한다.

비즈니스 세부정보

업종 카테고리(필수)

인터넷 및 통신 ▾

비즈니스 규모(필수)

◉ 작음 - 직원 1~10명

○ 중간 - 직원 11~100명

○ 큼 - 직원 101~500명

○ 아주 큼 - 직원 501명 이상

비즈니스 목표 선택

내 비즈니스에 맞춤설정된 보고서를 보려면 비즈니스에 가장 중요한 주제를 선택하세요.

리드 생성 — 방문자 측정항목 분석 및 신규 고객 유치 ☐

온라인 판매 증대 — 구매 행동 분석 및 판매 증대 ☐

브랜드 인지도 향상 — 비즈니스에 대한 입소문 내기 ☐

사용자 행동 검토 — 사용자가 내 사이트 또는 앱을 사용하는 방법 알아보기 ☐

기준 보고서 보기 — 여러 유형의 보고서(이 옵션은 다른 옵션과 함께 사용할 수 없음) ☑

뒤로   만들기

4) 데이터를 수집할 플랫폼으로 '웹'을 선택하고 웹사이트 URL과 사이트 이름을 입력한 후 '스트림 만들기' 버튼을 클릭한다.

5) 이제 분석 도구의 코드를 웹사이트에 삽입하면 구글 애널리틱스와 우리 웹사이트가 연결이 되고 데이터 분석이 가능해진다. 분석 도구 코드를 얻기 위해서 '태그 안내 보기' 버튼을 클릭한다.

화면 상단의 두 개의 탭 메뉴 중에서 '직접 설치' 탭에 표시된 코드를 전체 복사한다.

6) 구글 애널리틱스에서 복사한 분석 도구 코드는 우리가 만든 웹사이트가 저장된 깃허브에서 index.html 파일을 열고 편집 화면에서 <head> 태그 바로 다음에 붙여넣기를 하고 저장한다.

7) 구글 애널리틱스에서 웹사이트 테스트 버튼을 클릭하면 분석 도구와 웹사이트가
제대로 연결이 되었는지 확인할 수 있다.

8) 이렇게 웹사이트와 구글 애널리틱스의 연결이 완료되면, 이제 사이트에 들어오는
모든 방문자 데이터가 애널리틱스에 자동으로 수집되기 시작한다. 관리자는 구글
애널리틱스 콘솔에 로그인하여 웹사이트 방문자에 대한 다양한 통계와 보고서를
실시간으로 확인할 수 있다.

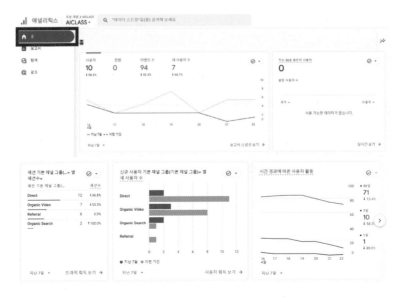

다음은 구글 애널리틱스에서 확인할 수 있는 주요 지표이다.

① 방문 경로: Organic Search(검색 엔진), Direct(직접 입력), Referral(타 사이트 링크) 등 방문 경로에 따른 유입량이 그래프와 표로 정리되어 있어 어떤 채널에 마케팅 역량을 집중해야 할지 힌트를 얻을 수 있다.

② 행동 보고서: 페이지뷰 수, 평균 체류 시간 등 방문자의 웹사이트 내 행동 패턴을 분석할 수 있다. 사용자들이 어떤 페이지에서 가장 오래 머물고, 어떤 메뉴를 가장 많이 클릭하는지 파악함으로써 콘텐츠 개선이나 UI 최적화에 나설 수 있다.

③ 실시간 리포트: 현재 웹사이트에 머물고 있는 사용자의 현황을 30분 단위로 파악할 수 있다. 어느 페이지에서 어떤 이벤트가 활발히 일어나고 있는지 실시간으로 지켜볼 수 있어 탄력적인 운영 대응이 가능해진다.

④ 이 외에도 시간대별 접속자 추이, 신규 방문자 비율, 이탈률, 모바일/PC 접속 비중 등 웹사이트 운영에 실질적으로 도움되는 인사이트를 다양한 차트와 수치로 확인할 수 있다.

이처럼 구글 애널리틱스는 웹사이트 운영의 나침반과도 같은 도구다. 방문자의 행동을 객관적인 데이터에 기반해 분석함으로써 사용자 경험을 개선하고, 마케팅 효과를 높이고, 궁극적으로는 비즈니스 목표에 다가갈 수 있다.

1장 일상 생활에서의 AI 활용

2장 업무 자동화를 위한 AI 활용

3장 콘텐츠 제작 및 수익화를 위한 AI 활용

4장 꿈이 있는 수익을 위한 AI 활용

8. GPTs로 수익 나는 유튜브 채널 만들기

나의 브랜드를 소개하고 제품을 잘 판매하기 위해서는 유동 인구가 많은 곳에서 홍보하는 것이 효과적이다. 현재 온라인 세계에서 가장 유동 인구가 많고 핫한 중심 상권은 바로 유튜브다. 유튜브는 현대인이 온라인에서 매일 방문하는 필수 코스 중 하나이다. 유튜브는 소비자로서 콘텐츠를 즐기는 장소일 뿐만 아니라 누구나 생산자가 되어 자신만의 콘텐츠를 만들어 배포할 수 있고, 수익까지 창출할 수 있는 핫플레이스이다. 유튜브에 채널을 개설하는 것은 유동 인구가 많고 고객의 눈에 잘 띄는 중심 상가에 나의 매장을 입점하는 것과 같다.

구글 계정만 있다면 인터넷에서 가장 핫한 중심 상권에 임대비도 전혀 지급할 필요 없이 나의 매장을 얻을 수 있는 최고의 아이템이 바로 유튜브 채널이다. 그래서 누구나 한 번쯤 '나도 유튜브를 해 볼까?' 하는 생각을 갖게 되고, 실제로 시도를 해 보지만 한 달 이상 꾸준히 채널을 운영하는 경우는 드물다. 이것은 짜임새 있는 계획 없이 시작했기 때문이다. 무작정 유튜브에 채널을 개설하고 콘텐츠를 올리는 것은 '도전'이라는 측면에서 나쁜 시도는 아니지만, 실제로 채널을 오래 유지하고 꾸준히 관리하면서 수익까지 창출하려면 처음부터 짜임새 있는 기획이 필요하다.

1) 짜임새 있는 유튜브 채널을 기획하기 위해 AI를 활용해 볼 수 있다. '클로드'에서 관심 있는 주제로 유튜브 채널을 기획해 달라고 요청해 보자.

> ❶ 영어회화를 주제로 유튜브 채널을 기획해줘
>
> 영어 회화를 주제로 한 유튜브 채널 기획안을 제안드리겠습니다.
>
> 채널명: "데일리 잉글리시 위드 (Your Name)" (Daily English with (Your Name))
>
> 콘셉트:
> - 일상생활에서 자주 사용되는 영어 회화 표현을 소개하고 연습하는 채널
> - 영어권 국가의 문화, 관습, 유행어 등을 소개하여 생생한 영어 학습 경험 제공
> - 시청자와 소통하며 실생활에 적용 가능한 영어 회화 팁 공유
>
> 코너 구성:
> 1. "오늘의 표현" (Expression of the Day): 매일 하나의 실용적인 영어 표현을 소개하고 예문과 함께 설명

이렇게 간단한 요청으로 생성된 결과를 참고하여 기획서를 만들 수도 있지만, 보다 더 완성도 높은 기획서를 만들기 위해서는 유튜브 채널의 특성을 반영하여 구체적으로 프롬프트를 입력해야 한다.

2) 이번에는 챗GPT의 GPTs에서 전문적으로 유튜브 채널을 기획해 주는 챗봇을 만들어 활용해 보자. Instruction에 구체적인 지침을 다음과 같이 입력한다.

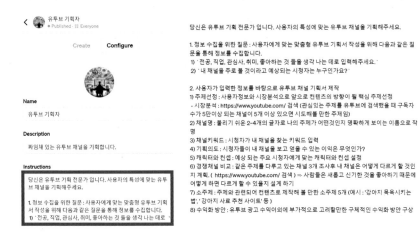

3) 이제 관심 있는 주제만 입력하면 사용자 맞춤형으로 유튜브 채널 기획서를 작성해 줄 것이다.

> **유튜브 기획자 GPTs**
> https://x.gd/0cUnVZ

유투브 기획자 ∨

🌐 **You**
영어 공부

🌐 **유투브 기획자**
영어 학습을 주제로 한 유튜브 채널을 기획하시는 군요! 좋은 시작입니다. 몇 가지 질문을 통해 더 구체적인 기획서를 작성해 보겠습니다.

1. 주제선정: "FunFit English"
- **기획의도:** 체육과 연결된 활동을 통해 영어를 배우는 재미있고 독창적인 방법을 제공합니다. 영어 초보자들이 즐겁게 학습할 수 있는 동시에, 일상 생활에서 쉽게 사용할 수 있는 실용 영어를 습득하도록 돕습니다.

2. 채널명: "Active English"
- 이 채널명은 체육과 영어 학습의 결합을 시청자에게 명확하게 전달하며, 활동적인 학습 방식을 강조합니다.

3. 채널키워드: "체육 영어 학습", "재미있는 영어", "영어 운동 게임", "영어 초보자"

4. 캐릭터와 컨셉:
- **캐릭터:** AI 코치와 함께 하는 영어 학습. AI 코치는 간단한 운동을 지도하면서 관련 영

4) 기획서를 완성했다면 이제 이것을 바탕으로 실제로 유튜브 채널을 개설해 보자. 유튜브 메인 페이지의 오른쪽 상단 프로필 아이콘을 클릭한 뒤 '계정 전환' → '모든 채널 보기' → '채널 만들기'를 선택한다. GTPs 기획서에서 제안한 제목을 채널명으로 입력하고 '만들기'를 클릭하면 새 채널이 생성된다.

5) 이어서 '채널 맞춤 설정' 메뉴의 브랜딩 탭에서 프로필과 배너 이미지를 꾸며 보자.

6) 프로필 이미지는 지난 챕터에서 다룬 AI 로고 만들기 방법을 통해 채널과 어울리는 로고를 생성한다. 배너 이미지는 Canva.com에서 '유튜브 채널 아트'를 검색하여 적절한 이미지를 찾아 적용하면 쉽게 채널 맞춤 설정에 필요한 이미지들을 만들 수 있다.

7) 기본 정보 설명란에는 GPTs 챗봇이 제안한 채널 기획 의도를 참고해서 설명문을 작성한다.

8) 다음으로 '설정' 메뉴에서 통화, 거주 국가, 키워드를 입력한다.

9) 키워드는 GPTs 기획서에서 추천해 준 키워드를 참고해서 5개 정도 입력한다. 그리고 '기능 사용 자격 요건' 탭에 보면 '표준 기능'만 사용이 설정되어 있는데, 15분 이상의 동영상과 썸네일을 만들려면 중급 기능을 활성화해야 한다. 중급 기능 활성화 방법은 휴대전화 인증만 하면 바로 사용할 수 있다.

10) 이렇게 채널 기본 설정이 끝났다면 이제 본격적으로 콘텐츠를 제작할 차례다. 인기 있는 유튜브 채널이 되기 위해서는 시청자들이 흥미를 느낄 수 있는 콘텐츠를 만드는 것이 가장 중요하다. 이때 '블링(https://vling.net)' 서비스를 활용하면 카테고리별로 인기 있는 유튜브 동영상을 손쉽게 찾아볼 수 있어 콘텐츠 기획에 도움을 받을 수 있다. 게다가 블링의 AI 기능을 이용하면 콘텐츠 원고까지 자동으로 생성할 수 있어 제작 과정이 한층 수월해진다.

① '블링'의 순위 메뉴에서 유튜브의 채널, 영상, 슈퍼챗, 수익 등 카테고리별로 다양
한 기준의 유튜브 순위를 조회할 수 있고, 이를 통해 사람들이 어떠한 주제를 좋
아하는지 가늠해볼 수 있다.

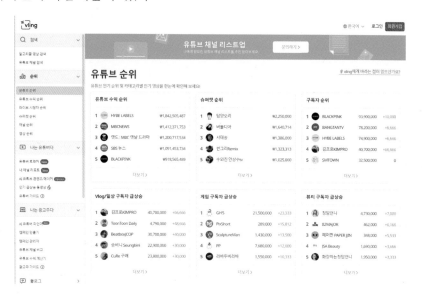

② '블링'의 'AI 유튜브 콘텐츠 메이커' 메뉴에서 최근 인기 있는 주제의 키워드를 검
색하면 인기 유튜브 영상의 데이터를 기반으로 콘텐츠 제목, 대본, 해시태그, 영상
요약까지 모두 만들어 준다. 이를 통해 트렌드에 맞는 콘텐츠 아이디어를 손쉽게
얻을 수 있고, 초보 크리에이터도 쉽게 콘텐츠 기획을 할 수 있다.

11) 블링에서 만든 콘텐츠 기획을 바탕으로 실제 영상에 사용할 대본을 만들기 위해 AI 챗봇에서 추가 프롬프트를 요청할 수 있다. 이때 블링에서 제공한 콘텐츠 제목, 해시태그, 시나리오 등을 참고해서 프롬프트를 작성하면 보다 구체적이고 효과적인 대본을 만들 수 있다.

\- 예시 프롬프트:

① [블링에서 제공한 콘텐츠 제목]을 주제로 하는 유튜브 영상 대본을 작성해 주세요. 영상은 10분 내외로 제작될 예정이며, [블링에서 제공한 해시태그]를 포함하여 자연스럽게 녹여내 주세요. 또한, [블링에서 제공한 시나리오]의 흐름에 맞게 대본을 구성해 주세요.

② [블링에서 제공한 콘텐츠 제목]에 대해 시청자들의 흥미를 끌 수 있는 훅(Hook)을 포함한 인트로 대본과 영상 전개 과정, 마무리 멘트까지 작성해 주세요. 대본에는 [블링에서 제공한 해시태그]를 자연스럽게 포함시켜 주세요.

③ [블링에서 제공한 시나리오]를 바탕으로 유튜브 영상 대본을 작성해 주세요. 대본은 [블링에서 제공한 콘텐츠 제목]을 주제로 하며, 시청자들에게 유익한 정보를 제공하는 동시에 재미를 느낄 수 있도록 구성해 주세요. 대본 속에는 [블링에서 제공한 해시태그]가 자연스럽게 녹아들 수 있도록 해 주세요.

12) 영상 편집 프로그램 'Vrew(https://vrew.voyagerx.com)'를 이용하면 AI로 작성한 대본을 바탕으로 실제 동영상도 손쉽게 만들 수 있다. Vrew 프로그램을 다운로드하여 설치하고 '새로 만들기' 메뉴에서 '텍스트로 비디오 만들기'를 선택한다.

대본의 길이에 따라 원하는 유튜브 비율을 선택한다. 영상의 길이가 60초 이하라면 '쇼츠' 비율을 선택하고, 그 이상이라면 16:9 비율의 일반 유튜브를 선택한다.

참고로 '발표 시간 계산기 (https://www.speechtime.co.kr/)' 사이트에 대본을 붙여넣기 하면 대략적인 영상의 시간을 가늠해 볼 수 있다.

만들려고 하는 영상의 스타일을 지정하고 영상의 제목과 대본을 입력한 후 '완료' 버튼을 누르면 대본에 맞는 이미지와 목소리가 담긴 영상이 자동으로 생성된다. 이때 성우의 목소리와 배경 음악, 이미지 생성을 위한 세부 설정도 원하는 스타일로 변경 가능하다.

이렇게 완성된 영상은 편집창에서 추가적으로 대본 및 이미지를 수정할 수 있고, 최종 편집이 완료된 영상은 '내보내기' 메뉴에서 영상 파일, 자막 파일, 오디오 파일 등 다양한 형식으로 내보낼 수가 있다.

13) 인기 있는 주제로 콘텐츠를 만들고 채널에 구독자 수가 늘어나게 되면 다양한 형태로 수익을 낼 수 있다. 대표적으로 유튜브에서 수익을 낼 수 있는 구조는 다음과 같다.

① 유튜브 조회 수 수익: 시청자들이 유튜브 영상을 시청할 때 발생하는 조회 수에 따라 광고 수익을 얻을 수 있다.

② 유튜브 광고 수익: 유튜브 채널의 구독자 수나 영상 조회 수가 늘어나면 광고주들이 관심을 갖게 되고, 그들로부터 직접 광고비를 받아 콘텐츠에 광고를 삽입함으로써 수익을 얻을 수 있다.

③ 제품/서비스 판매: 유튜브를 통해 콘텐츠를 제공하고 사람들의 관심을 모은 후, 자신의 제품이나 서비스를 판매하여 수익을 얻을 수 있다.

④ 제휴 마케팅: 유튜브 영상 설명란에 제품 링크를 첨부하고, 시청자들이 해당 링크를 통해 구매할 경우 제휴 수수료를 얻을 수 있다.

⑤ 회원 콘텐츠 제공: 유료 회원들에게 제공하는 프리미엄 콘텐츠를 통해 수익을 얻을 수 있다.

⑥ 채널 판매: 채널을 잘 키워 놓으면 위와 같은 채널의 가치를 인정받아 채널의 소유권을 판매할 수도 있다.

'소셜러스(https://socialerus.com)'는 유튜브 빅데이터 플랫폼으로 국내 유튜브 관련 빅데이터를 기반으로 유튜버 랭킹, 채널 성과 분석 등 다양한 데이터 서비스를 제공한다. 특히 이러한 데이터를 바탕으로 유튜브 채널 투자, 채널 구매, 채널 판매 등의 거래를 할 수 있는데, 유튜브 채널 거래소에서 현재 판매되고 있는 유튜브 채널을 조회해 볼 수 있고 실제로 본인의 채널을 등록하면 판매까지 가능하다.

유튜브 채널이 판매되었을 때 소유권을 이전하는 방법은 '유튜브 스튜디오'의 '설정' 메뉴에서 채널 구매자의 이메일로 권한 이전을 해 주면 간단히 소유권을 이전할 수 있다.

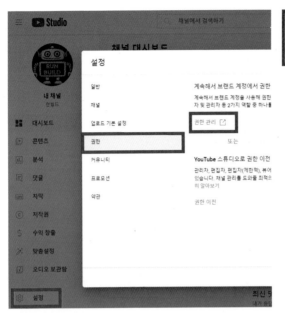

유튜브는 수익 창출을 위한 도구일 뿐만 아니라 자신의 재능과 열정을 마음껏 펼칠 수 있는 최고의 플랫폼이다. 하루라도 빨리 유튜브 크리에이터에 도전해 보자. 기획부터 제작, 운영까지 AI가 친절하게 도움을 줄 수 있으니 망설일 이유가 없다. 유튜브 안에서 브랜드 인지도를 높이고 구독자들과 소통하다 보면 생각지도 못한 새로운 기회가 찾아올 것이다.

9. 캔바를 활용한 영상 대량 생산 자동화하기

유튜브 시청자에게 영상을 노출시켜 주는 유튜브 알고리즘은 꾸준히 영상을 업로드하는 채널을 선호하는 경향이 있다. 사람들이 좋아할 만한 콘텐츠를 대량으로 제작하여 주기적으로 업로드한다면, 영상 노출량도 늘어나게 되고 사람들의 관심을 지속적으로 받을 수 있을 것이다. 그러나 하나의 영상을 제대로 만들기 위해서도 많은 시간과 노력이 필요한데 대량의 영상을 꾸준히 제작하는 것은 결코 쉽지 않은 일이다.

하지만 AI를 활용한다면, 퀄리티 있는 영상을 간편하게 대량 제작할 수 있다. 캔바 AI를 활용하여 쇼츠와 롱폼 영상을 손쉽게 제작하는 방법에 대해 살펴보자.

[쇼츠]

유튜브 쇼츠는 15초에서 60초 사이의 짧고 임팩트 있는 영상으로 빠르게 정보를 전달하고 시청자의 관심을 끌 수 있는 영상이다. 바쁜 일상에서 틈새 시간을 활용해 콘텐츠를 소비하는 현대인의 니즈에 맞는 콘텐츠이기 때문에 빠르게 구독자 수를 늘리고 싶다면 반드시 만들어야 하는 것이 쇼츠 영상이다.

AI를 활용해서 쇼츠 영상을 쉽고 빠르게 대량으로 만들 수 있는 방법은 크게 두 가지 있다. 첫 번째는 '쇼츠 생성 자동화 사이트'를 이용하는 것이고 두 번째는 '캔바' 프로그램을 이용하는 것이다.

'쇼츠 생성 자동화 사이트' 이용하기: 직접 콘텐츠를 제작하지 않더라도 기존의 콘텐츠에 재미와 아이디어를 더하여 재해석함으로써 어떤 식으로든 콘텐츠를 변화시켰다면 유튜브는 재사용된 콘텐츠를 허용하고 보상을 주는 정책이 있다. 이러한 정책을 바탕으로 기존의 유튜브 영상으로 쇼츠 영상을 만들어 보자.

예를 들어, 미드로 영어 공부를 할 수 있는 쇼츠 영상을 만든다고 가정했을 때 '프렌즈' 유튜브 영상의 주소를 복사하여 '오푸스클립(https://www.opus.pro)'에 붙여넣고 'Get clips' 버튼을 클릭하면 자동으로 자막이 생성된 여러 개의 쇼츠 영상이 생성된다.

 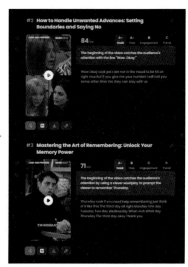

이렇게 만들어진 쇼츠 영상 중 마음에 드는 영상을 그대로 다운로드하여 사용하거나 연필 모양의 버튼을 클릭하여 자막이나 테마, 색상 등을 편집할 수도 있다.

이렇게 유튜브 동영상 주소만 넣어 주면 쇼츠로 만들어 주는 서비스는 '오푸스클립' 이외에도 Vidyo(https://vidyo.ai), vizard(https://vizard.ai), 아이코(https://aico.tv) 등 다양한 서비스가 있다. 이러한 서비스를 이용하면 기존 유튜브 영상을 손쉽게 쇼츠 영상으로 제작할 수 있고, 본인이 직접 만든 영상도 업로드하여 쇼츠 영상으로 활용할 수 있다는 장점이 있다.

'캔바(https://www.canva.com)' 프로그램 이용하기: 영어 공부 서비스를 홍보하기 위한 쇼츠 채널을 운영한다고 가정해 보자. 수준별 영어 문제 데이터를 생성하고 그 문제를 실제 풀어 볼 수 있는 쇼츠 영상을 대량으로 제작하고 싶다면 어떻게 해야 할까?

1) 먼저 콘텐츠 재료를 확보하기 위해 MS코파일럿에서 중학생 수준의 영어 문제 50
개를 생성해 달라고 요청한다.

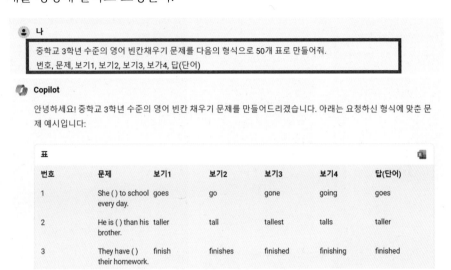

2) 50개의 데이터가 만들어졌으면 Canva.com에서 대량으로 영상 제작을 할 수 있
다. 캔바의 '동영상' 카테고리에서 '모바일용 동영상'을 선택한다. 마음에 드는 템
플릿을 고른 뒤 나만의 디자인으로 꾸며 보자.

3) 선택한 템플릿을 이용하여 영어 문제 쇼츠 영상을 하나 제작하고 '앱' 메뉴에서 '대량 제작'을 클릭한다.

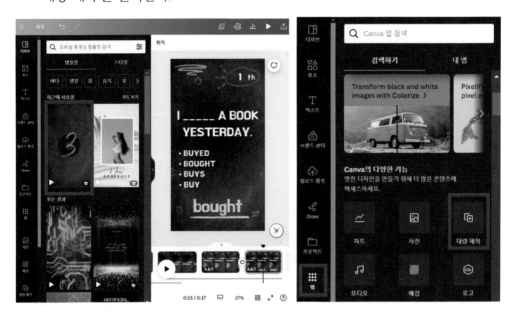

4) '데이터 수동 입력'을 선택한 후에 AI로 생성한 영어 문제 50개 데이터를 복사하여 붙여넣기를 한다.

5) 이제 가져온 데이터를 쇼츠 영상의 각 요소에 연결하는 일만 남았다. 페이지의 각 요소를 마우스 우클릭하여 해당하는 데이터와 연결한다.

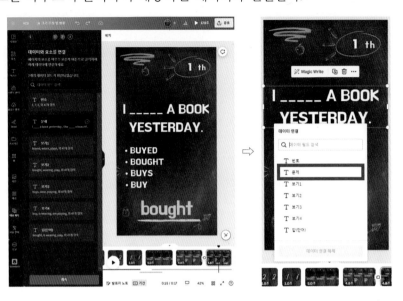

6) 페이지의 모든 요소와 데이터 연결이 끝나고 '계속' 버튼을 누른다. 이제 '디자인 50개 생성' 버튼을 클릭하면 처음에 만든 쇼츠 영상의 형식처럼 50개의 영상이 자동으로 만들어진다.

7) 쇼츠 영상의 최대 길이가 1분이라는 점을 감안하여 전체 페이지에서 영어 문제를 2~3개 정도씩 나누어 MP4 동영상 형식으로 다운로드하고 해당 영상을 유튜브에 업로드한다.

[롱폼 영상]

롱폼 영상은 60초 이상의 긴 영상을 의미한다. 롱폼 영상은 쇼츠에 비해 단기간에 구독자 유입은 적지만 광고 수익이 크기 때문에 롱폼 영상을 꾸준히 게시해서 영상의 조회 수가 높아지면 쇼츠 영상보다 더 큰 수익을 얻을 수 있다. 또한, 롱폼 영상은 시청자들에게 깊이 있는 콘텐츠를 제공함으로써 시청자들이 보다 더 오랫동안 채널에 관심을 갖고 방문하게 할 수 있다.

이러한 롱폼 영상도 위의 쇼츠 영상을 만드는 방법과 같이 자동화 제작이 가능하다. 이번에는 캔바와 일레븐랩스를 활용하여 영어 회화 연습을 위한 영상을 제작해 보자.

1) 먼저 콘텐츠 재료를 확보하기 위해 코파일럿에서 자주 사용되는 영어 회화 문장 50
개를 생성해 달라고 요청한다.

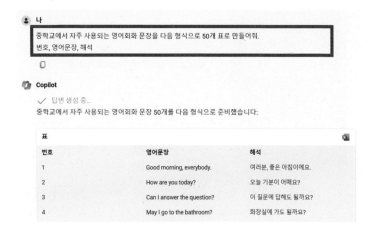

2) 캔바의 '동영상' 카테고리에서 'YouTube 동영상' 템플릿을 선택한다.

3) 선택한 템플릿을 이용하여 영어 회화 영상에 사용될 슬라이드를 3개 제작한다.

4) ‘앱’ 메뉴에서 ‘대량 제작’을 클릭한다.

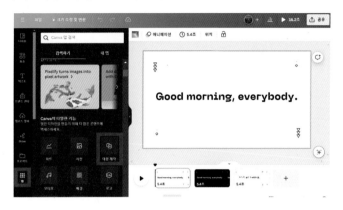

5) ‘데이터 수동 입력’을 선택한 후에 AI로 생성한 영어 회화 50개 데이터를 복사하여 붙여넣기를 한다.

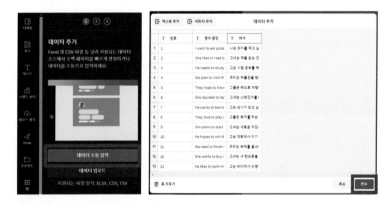

6) 페이지의 각 요소를 마우스 우클릭하여 해당하는 데이터와 연결한다.

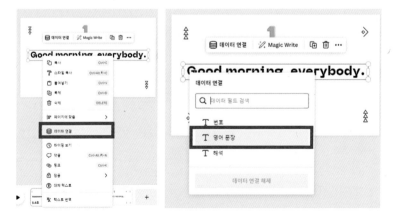

7) 각 슬라이드의 모든 요소와 데이터 연결이 끝나면 '계속' 버튼과 '디자인 생성' 버튼을 클릭한다.

8) 데이터에 입력했던 각 영어 회화 문장의 내용으로 수십 개의 페이지가 금세 생성된다.

9) 이제 '일레븐랩스(elevenlabs.io)'를 이용하여 각 페이지의 문장을 읽어 주는 AI 음성을 만들어 보자. 일레븐랩스는 텍스트를 음성으로 변환해 주는 AI 도구로 생성된 음성의 품질이 매우 우수하다. 게다가 매달 10,000자까지 무료로 음성을 만들 수 있기 때문에 부담 없이 사용해 볼 수 있는 서비스이다.

일레븐랩스의 GENERATE 입력란에 AI로 생성한 영어 회화 50개 데이터를 복사하여 붙여넣기를 한다. 각 문장은 줄바꿈을 해서 구분해 주고 원하는 목소리를 선택한 후에 음성을 생성하고 파일을 다운로드한다.

10) 다운로드한 음성 파일을 작업 중인 캔바에 업로드하고 해당 음성 파일을 클릭하여 페이지에 추가한다.

11) 오디오를 각 문장에 맞춰 분할하고 페이지와 음성의 싱크가 맞도록 각 페이지 구
간으로 음성을 이동한다.

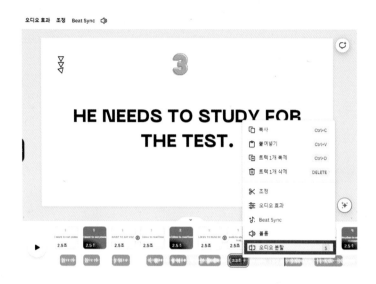

이제 유튜브 채널에 영상을 올리는 일만 남았다. 일정한 주기와 시간에 맞추어 콘텐
츠를 꾸준히 업로드하다 보면 구독자가 늘어나면서 우리 채널의 브랜드 가치는 상승할
것이다.

10. 메트리쿨을 활용한 유튜브 콘텐츠 발행 자동화하기

유튜브 채널을 운영 중이라면 콘텐츠 제작만큼이나 중요한 것이 바로 지속적인 영상 업로드와 채널 관리이다. 훌륭한 동영상을 만

> Metricool
> https://metricool.com

들어도 최적의 시간에 꾸준히 공개하지 않으면 조회 수를 크게 늘리기 어렵다. 영상 업로드부터 채널 분석, 댓글 관리까지 유튜브 채널을 관리하는 일은 생각보다 많은 시간과 노력이 필요하다.

이렇게 번거롭고 손이 많이 가는 유튜브 채널 관리를 간편하게 자동화해 줄 수 있는 Metricool이라는 도구가 있다. Metricool은 유튜브를 비롯해 페이스북, 인스타그램 등 다양한 소셜미디어 채널의 콘텐츠 발행을 자동화하고 성과를 분석할 수 있는 플랫폼이다.

1) Metricool에서 YouTube 버튼을 클릭하고 연동하고 싶은 나의 유튜브 채널 계정을 선택한다.

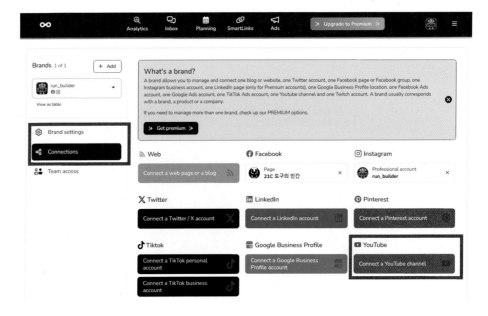

2) 계정이 연결되면 'Metricool'에서 채널 분석이 가능하다. 유튜브 동영상 관리자에
   접속해야 볼 수 있는 각종 유튜브 데이터(구독자, 시청자 나이 및 성별, 수익, 조회
   수)를 다른 SNS 계정과 통합하여 하나의 플랫폼에서 확인하고 관리할 수 있다.

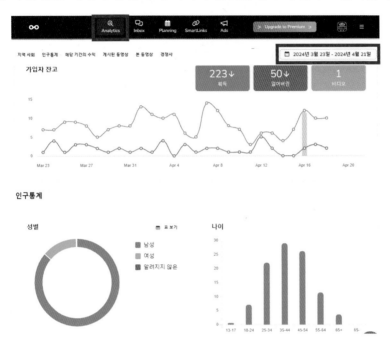

3) 'Metricool'에서는 페이스북, 인스타그램, 유튜브 채널에 올라온 댓글도 통합해
   서 관리할 수 있다. 해당 채널을 선택하면 게시물마다 올라온 댓글을 조회하고 답
   변 등록도 가능하다.

4) 'Metricool'에서 특히 유용한 기능은 콘텐츠를 예약 발행할 수 있는 스케줄 기능
   이다. 'Planning' 메뉴를 클릭하면 콘텐츠를 예약할 수 있는 달력이 나온다. 원하
   는 날짜를 클릭하거나 'Create post'를 클릭하면 특정 날짜와 시간으로 콘텐츠
   발행을 예약할 수 있다.

5) 원하는 날짜를 클릭한 뒤 Shorts와 미드폼 중 해당되는 형식을 고르고, 동영상을
   업로드할 수 있다.

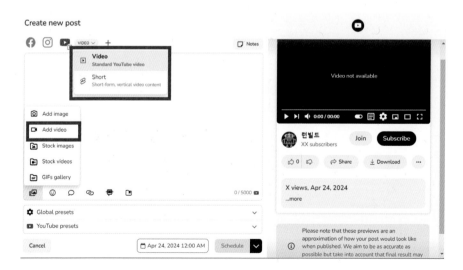

6) 'YouTube presets'을 누르면 일반적으로 유튜브 영상을 올릴 때 필요한 제목, 카테고리, 태그 등의 사전 설정에 필요한 정보를 입력할 수 있다.

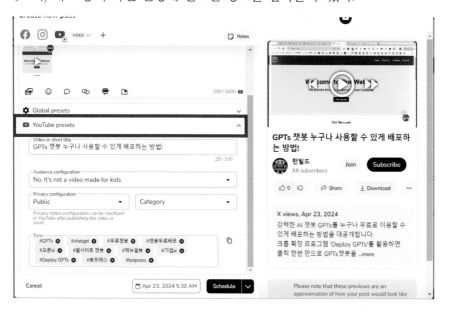

7) 유튜브 영상 설명문은 직접 작성해도 되지만, 자주 사용되는 설명문을 저장하고 저장된 설명을 불러오기하면 좀 더 간편하게 설명문을 작성할 수 있다.

8) 설명문 작성이 막막하다면 AI 어시스턴트 기능을 활용할 수도 있다. 'Text Generator' 아이콘을 클릭한 뒤 설명문 작성을 요청하면 AI 어시스턴트가 설명문을 생성해 준다. 단, 무료 이용자의 경우 AI 어시스턴트는 월 사용 횟수가 3회로 제한된다.

9) 영상 업로드 설정이 끝났다면 'Schedule(예약)' 버튼을 눌러 발행 일정과 형식을 확정한다. 임시 저장, 발행 예약, 즉시 발행 세 가지 옵션 중에 원하는 발행 방법을 선택할 수 있다.

'Metricool'은 연동할 수 있는 SNS 채널 개수에 제한이 없고, 매달 50개까지 무료로 동영상을 예약하고 발행할 수 있다.

4장

깊이 있는 수업을
위한 AI 활용

1. 디지털 시대의 AI 교육의 필요성

생성형 AI 서비스가 출시된 지 이제 갓 1년이 넘었지만 이미 우리에게 일상적인 도구가 되어 많은 사람이 다양한 분야에서 AI를 활용하고 있다. 회사에서는 AI 자동화로 업무 효율을 높이고, 창업가들은 AI 기술로 새로운 비즈니스 모델을 만들며 콘텐츠 제작부터 판매까지 모든 영역에서 AI가 활용되고 있다.

앞으로 더욱 발전하고 새롭게 등장하는 AI 도구를 통해 개인의 창의력과 생산성은 한층 더 높아질 것으로 기대된다.

하지만 AI 활용에 소극적이고 관심 없는 사람들은 안타깝게도 AI가 만들어 낸 콘텐츠를 수동적으로 소비하는 처지에만 머물 수 있다. 이런 격차를 막기 위해서는 누구나 AI를 제대로 활용할 수 있는 기회와 교육이 제공되어야 한다. AI는 우리 삶을 더욱 풍요롭게 만들어 줄 수 있는 도구이지만, 그 혜택이 골고루 돌아가게 하는 것은 결국 교육자의 몫이다.

교육자가 AI를 부정적으로 바라보고 교육 현장에서 AI 사용을 주저한다면, 학생들은 AI에 주도권을 내주고 소비에만 매달리는 수동적 인생을 살게 될지도 모른다. 아이들이 AI에 끌려다닐 것인지, 아니면 AI를 주도적으로 다루며 자신의 삶을 개척해 나갈 것인지는 AI 도구에 대한 교육자의 인식과 수업에서 얼마나 효과적으로 활용하느냐에 달려 있다.

학교 현장에 새로 적용되는 2022 개정 교육과정은 '학생의 삶과 연계된 교육'을 핵심 가치로 내세우고 있다. 불확실한 미래 속에서도 학생들이 주도성을 갖고 변화에 적응할 수 있는 역량을 기르는 것이 목표이다. 이는 단순히 학생들의 흥미와 적성을 찾아 주는 것에 그치지 않는다. 자신이 좋아하는 일을 하면서 가치를 창출하고 경제적 독립을 이루는 방법까지 경험할 수 있는 교육을 해야 한다는 의미다.

미래 사회가 요구하는 핵심 역량을 기르는 것도 중요하지만, 이제는 그 역량을 실제로 발휘할 수 있도록 돕는 교육으로 나아가야 한다. 학생 때부터 AI 및 디지털 도구를 활용해 자신만의 콘텐츠를 만들고 세상에 선보이는 경험을 한다면, 자신에게 맞는 진로를 찾고 필요한 역량을 주도적으로 기를 수 있을 것이다.

이제 교육은 학생들이 AI라는 도구를 자유자재로 다루며 변화무쌍한 미래 사회를 주도적으로 헤쳐 나갈 수 있게 도와주어야 한다. 저출산과 인구 감소로 인해 경제적 파이가 줄어드는 현시대에 국내뿐 아니라 글로벌 시장으로 진출할 수 있는 역량이 필요하다. 우리 학생들이 글로벌 무대에서 경쟁력을 갖추려면 AI 활용 능력은 선택이 아닌 필수이다. 자신만의 콘텐츠를 제작하고 전 세계에 배포하며 새로운 부가가치를 창출하는 것, 그것이 바로 AI 시대를 이끌어 갈 핵심 인재상이 될 것이다.

1장 일상 생활에서의 AI 활용

2장 업무 자동화를 위한 AI 활용

3장 콘텐츠 개발 및 수익화를 위한 AI 활용

4장 길이 있는 수업을 위한 AI 활용

2. 미조우로 최적의 AI 수업 환경 구축하기

디지털 기술이 우리 사회 곳곳에 스며들면서 학교 현장의 모습도 빠르게 변화하고 있다. 특히 교육 환경의 하드웨어적인 측면에서는 큰 발전이 있었는데, 대부분의 학교에 무선 인터넷망이 깔리고 각 교실에 태블릿 PC가 보급되면서 모든 학생들이 1인 1태블릿 PC 환경에서 수업을 받을 수 있게 되었다. 에듀테크 수업에 활용할 수 있는 다양한 소프트웨어도 빠른 속도로 생겨나고 있는데, 특히 AI는 챗GPT나 MS 코파일럿과 같은 특정 사이트뿐만 아니라 패들렛이나 캔바 등 대부분의 사이트에 기본 메뉴로 내장되어 별도의 AI 사이트에 접속하지 않아도 간편하게 사용할 수 있게 되었다. 이제 AI는 에듀테크 도구의 특별한 기능이 아니라 기본 기능 중 하나로 자리 잡았다.

이런 도구들을 수업에 잘 활용하면 학생들의 창의력, 문제 해결력, 비판적 사고력 등을 기르는 데 큰 도움이 될 수 있다. AI와 대화하고 협업하는 과정에서 학생이 주도적으로 질문하는 수업이 이루어지고, 디지털 리터러시와 컴퓨팅 사고력 같은 미래 핵심 역량을 자연스럽게 키울 수 있을 것으로 기대된다. 하지만 실제로 생성형 AI를 수업 현장에 적용하려면 다음과 같이 많은 문제들을 직면하게 된다.

- 회원 가입 및 로그인
- AI가 어떤 답변을 할지 제어할 수 없음
- 학생들이 AI를 어떻게 사용하고 있는지 모니터링 불가
- 개인정보 유출로 인한 보안의 위험
- 13세 미만 어린이는 이용할 수 없음

지금까지 알아본 MS 코파일럿, 챗GPT, 클로드 등의 생성형 AI는 다양한 분야에서 활용할 수 있는 훌륭한 도구이지만, 위와 같은 문제들 때문에 교육 현장에서 사용하기에는 어려움이 있다. 위의 문제들을 해소하고 최적의 AI 교육 환경을 구축하기 위해서는 일반적인 AI 도구가 아닌 교육용으로 안전하게 설계된 AI 도구가 필요하다.

교육용 AI 챗봇 서비스 'MIZOU(mizou.com)'는 지침, 참고 자료, 평가 요소를 기반으로 AI 챗봇을 생성하는 동시에 사용자 데이터를 보호함으로써 학습자와 교사가 AI를 안전하게 사용하고 지도할 수 있는 공간을 제공한다. 교사는 수업용 AI 챗봇을 무료로 제작할 수 있으며, 학생들은 별도의 회원 가입이나 로그인 없이 교사가 만든 챗봇을 바로 이용할 수 있다.

이러한 'MIZOU'의 주요 특징은 다음과 같다.

- AI 챗봇 기반 교육: 교사의 지시, 자료 및 평가 기준에 따라 AI 챗봇을 생성할 수 있어 AI의 답변을 교육 목적에 맞게 제어할 수 있다.
- 학생 데이터 보호: 학생의 채팅 데이터를 AI 모델 훈련에 사용하지 않으며 로그인이 필요하지 않으므로 개인정보가 유출될 위험이 없다.
- 학생 활동 모니터링: 학생들이 챗봇에서 나눈 모든 대화 내용을 교사의 대시보드 화면에서 볼 수 있다.
- 다국어 지원: 최대 50개 언어에서 작동하며 텍스트를 음성으로 듣거나 음성을 텍스트로 변환할 수도 있다.
- 교육자 커뮤니티: 교육자들이 수업을 위해 만든 챗봇 창작물을 공유하고 아이디어를 교환하며 피드백을 받을 수 있다.

AI를 활용한 수업을 설계할 때 'MIZOU'는 효과적인 도구로 활용될 수 있으며, 교사들이 학생들에게 더 나은 교육 경험을 제공하는 데 도움이 된다. 지금부터 'MIZOU'를 이용한 수업용 챗봇을 설계하는 방법을 구체적으로 살펴보자.

1) MIZOU 홈페이지에 접속해서 'Get Started'이나 'Free For Teachers' 버튼을 클릭하면 별도의 회원 가입 필요 없이 구글 계정으로 로그인을 할 수 있다.

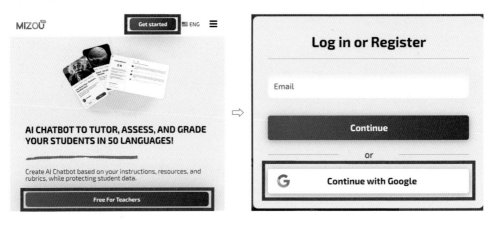

2) 로그인을 하면 좌측에는 메뉴가 표시되고 우측에는 다른 사람들이 만들어 놓은 다양한 챗봇을 볼 수 있다.

3) 챗봇 리스트에서 주제와 학년, 과목별로 원하는 챗봇을 검색해서 이용할 수도 있다.

4) 다른 사람들이 만들어 놓은 챗봇은 자유롭게 이용할 수 있을 뿐만 아니라 '작업
   공간에 추가' 버튼을 클릭하면 내 작업 공간에 가져와 본인이 재구성하여 사용할
   수도 있다.

5) '내 챗봇' 메뉴에서 작업 공간에 추가한 다른 사람의 챗봇을 볼 수 있고 'Build a Chatbot' 버튼을 클릭하면 나만의 챗봇을 직접 만들 수도 있다.

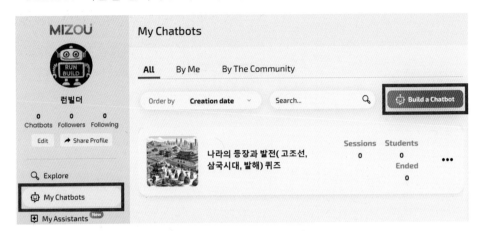

6) 챗봇을 만드는 방법은 두 가지가 있다. 챗봇의 세부 사항을 처음부터 하나하나 직접 설정하는 'Custom' 방법과 간단한 프롬프트만으로 AI가 자동으로 챗봇을 생성해 주는 'AI-Generated' 방법이다.

7) Custom 방법부터 구체적으로 살펴보자.

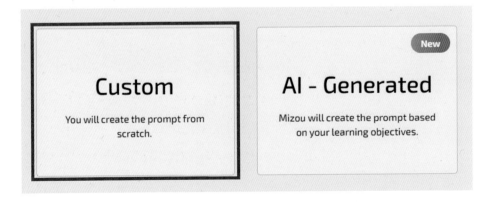

① 챗봇 만들기 Custom 메뉴를 선택하면 챗봇 편집 화면이 나오는데, 이곳에 챗봇의 제목과 AI가 해야 할 지침(AI Instructions)을 입력한다. 지침을 입력할 때에는 3단계로 구분하여 명확히 할 일을 부여하는 것이 중요하다.

1단계. 역할 부여: (당신의 역할은 ~)

2단계. 구체적 할 일: 토론, 인터뷰, 퀴즈, 글쓰기 등 상호 작용 대화 가능

3단계. 결과: 대화의 결과로 표시될 내용

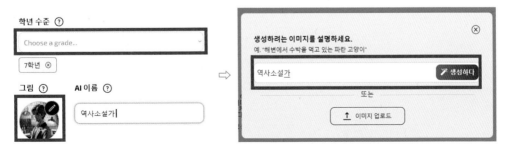

[생성(Generate) 버튼을 클릭하면 제목에 맞춰서 어떻게 지침을
만들 수 있는지 예시문이 생성된다.]

② AI 제목과 지침 입력을 마쳤다면 해당 챗봇을 사용하게 될 학생들의 학년을 선택하고 챗봇의 이름을 지정한다. 챗봇의 로고는 직접 이미지를 업로드하거나 AI로 생성할 수 있다.

③ 추가 옵션을 선택하면 챗봇의 환영 메세지와 챗봇이 지켜야 할 규칙, 썸네일 등을
지정해 줄 수 있는데 '모든 필드 생성' 버튼을 클릭하면 이 모든 옵션 항목이 자동
으로 입력된다. 자동으로 입력된 초안은 영어로 입력되는 경우도 있기 때문에 그
대로 사용하기보다는 목적에 맞게 다듬어서 사용하는 것이 바람직하다. 특히 환
영 메시지에 사용자의 행동을 요청하는 문구를 적어 주면 학생들이 챗봇에 적응
하기가 더욱 수월해진다.

'~ 준비가 되었으면 '시작'이라고 적어 주세요.'

④ 추가 옵션의 규칙에는 챗봇이 반드시 지켜야 할 대화 규칙을 입력한다. 챗봇의 역
할 수행에 대한 것뿐만 아니라 학생들이 주제에 맞는 대화만 할 수 있게 규칙을
명시하는 것이 중요하다. 챗봇의 성능 개선도 규칙으로 정할 수 있는데, 예를 들
어 '응답을 500자 이내로 유지한다'라는 내용을 넣어 주면 챗봇이 보다 더 빠르게
응답할 수 있다.

⑤ 유료 사용자의 경우 개인 자료를 지식 파일에 업로드할 수 있다. 추가 옵션의 지식 파일에 자료를 업로드하면 챗봇이 대화를 하고 결과물을 생성할 때 해당 파일의 콘텐츠를 사용할 수 있다. 이때 지식 파일은 매번 사용하는 것이 아니라 사용자 상호 작용을 기반으로 콘텐츠를 검색할 시기를 자동으로 결정한다.

⑥ 추가 옵션의 오디오는 남/여 두 가지 목소리 중에서 선택할 수 있다. 오디오는 채팅창에 텍스트가 생성되면 표시되는 플레이 버튼을 클릭했을 때 해당 텍스트를 읽어 주는 기능을 한다.

오디오 ⑦

존 😀
엠마 😀

⑦ 추가 옵션의 마지막으로 썸네일과 해당 챗봇에 대한 간단한 설명을 설정할 수 있다.

⑧ 챗봇 지침에서 옵션 설정까지 모두 마쳤다면 편집창 우측에 '채팅 시작(Start Chat)' 버튼을 클릭해서 챗봇을 테스트해 볼 수 있다.

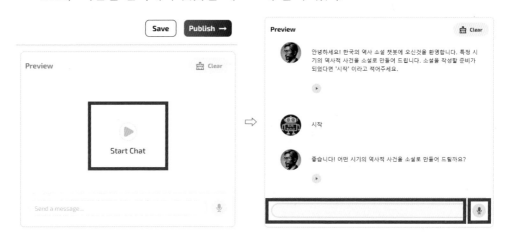

- 채팅 입력란 옆에 마이크 버튼을 클릭하면 타이핑을 직접하지 않고 음성으로도 대화가 가능하기 때문에 휴대전화나 태블릿 PC에서 유용하게 사용할 수 있다.

⑨ 챗봇이 완성되었다면 '업데이트' 버튼을 클릭하고 Private(비공개)/Public(공개) 옵션을 선택한 후에 확인 버튼을 누르면 챗봇을 학생 및 교사들과 공유할 수 있다.

⑩ 챗봇을 공유할 때는 두 가지 옵션이 있다.

첫 번째, 'Teacher' 옵션은 내 챗봇을 다른 선생님들과 공유해서 선생님들이 내 챗봇을 사용해 보고 재활용할 수 있도록 공유하는 것이다.

두 번째, 'Students'는 실제로 수업에서 학생들이 사용할 수 있는 챗봇으로 공유하는 것이다. 이 옵션은 'New Session'을 미리 설정해 놔야 이용할 수 있다.

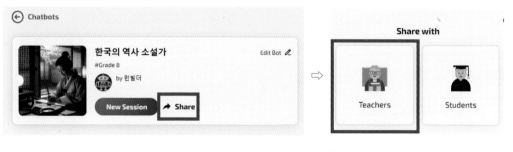

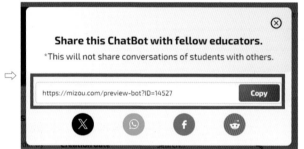

⑪ New Session 버튼을 클릭하면 챗봇을 각각의 학급 학생들에게 공유할 수 있도록 수업 세션을 구성할 수 있다.

예를 들어, '한국의 역사 소설가'라는 챗봇을 만들었다면 이 챗봇에 10개 학급에 각각 다른 세션을 만들어 활용할 수 있다. 각 세션은 링크만 다른 것이 아니라 학급 학생들의 특성에 맞게 수준이나 학습 목표도 다르게 변경하여 공유할 수 있다.

⑫ 유료 사용자의 경우 타이머와 평가 루브릭 도구를 사용할 수 있는데, 이 도구를 이용하면 대화 시간과 평가 기준을 설정할 수 있고 학생들이 챗봇과 나눈 대화를 바탕으로 개인별 맞춤형 평가도 가능하다. 모든 세션 설정을 마쳤다면 'Launch' 버튼을 클릭하고 학생들에게 공유할 수 있는 링크를 생성한다.

⑬ 학생들은 교사가 공유한 링크를 휴대전화나 태블릿 PC로 접속하고 이름만 입력하면 별도의 회원 가입이나 로그인 없이 바로 챗봇을 사용할 수 있다.

⑭ 학생들은 챗봇과 대화를 마친 후에 'End Session' 버튼을 클릭하면 수업 후기도 작성할 수 있다.

⑮ 교사는 나의 챗봇 메뉴에서 수업에 활용된 챗봇의 세션 개수와 참여 학생 수를 파악할 수 있다. 해당 챗봇을 클릭하면 세션별로 보다 더 자세한 수업 정보도 확인할 수 있다.

⑯ 대시보드에서 챗봇을 클릭하면 해당 챗봇의 현재 세션 상태를 볼 수 있고 활성화
되어 있는 챗봇의 세션을 강제로 종료할 수도 있다.

Name	Creation Date	Student	Status	
NAME Session 2 ✏	DATE & TIME April 27, 2024, 09:36 AM	👥 6	Active	•••
NAME Session 1 ✏	DATE & TIME April 27, 2024, 09:10 AM	👥 3		

- 🔗 Invite Students
- ⏻ End
- 🗐 Duplicate
- 🗑 Delete

⑰ 특정 세션을 선택하면 현재 챗봇에 접속 중인 학생들의 명단을 실시간으로 확인해 볼
수 있고, 학생 이름을 클릭하면 해당 학생이 챗봇에서 나눈 대화 내용을 볼 수 있다.

USER	AI SUGGESTED GRADE	DURATION	SUBMITTED	STATUS	
⬤ 이순신	⬤ A	3 minutes	22 minutes ago	Exited	•••
⬤ 홍길	⬤ A	3 minutes	31 minutes ago	Exited	•••

- 학생이 챗봇과 나눈 대화 내용을 분석해서 학생이 어떤 태도로 대화에 참여했으며
이번 세션을 통해서 어떤 성과를 얻었는지도 분석해서 요약해 준다.

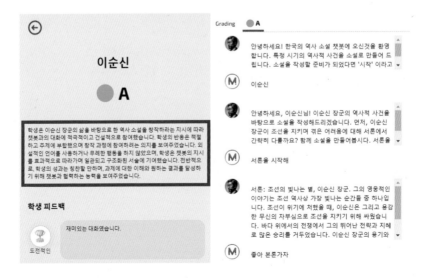

8) 챗봇 만들기를 시작할 때 'AI-Generated'를 선택하면 지금까지 Custom 방법으로 챗봇을 만들었던 과정을 AI가 자동화해 줄 수 있다.

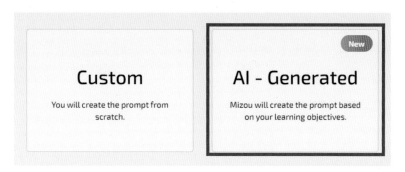

① 학습 목표와 학년 수준을 입력하고 '아이디어 얻기' 버튼을 클릭하면 학습 목표에 맞는 챗봇 스타일을 추천해 주는데, 이 중에서 원하는 챗봇을 선택한다.

학습 목표 ⓘ　초기화

한국의 조선시대 위인들과 대화를 나누며, 조선의 역사를 학습한다.

학년 수준 ⓘ

9학년

아이디어 얻기

대화 : 조선과의 대화...	퀴즈 : 조선왕조 역사 퀴즈	인터랙티브 스토리 : 조선을 탐험하다...
학생들은 조선시대의 역사적 인물들과 대화를 나누며 한국의 역사를 배웁니다. 교사는 주요 사건과 인물에 대한 토론을 지도할 수 있습니다.	학생들은 조선왕조의 역사에 대한 퀴즈를 풀어 자신의 지식을 테스트합니다. 교사는 핵심 개념을 평가하고 강화하기 위해 이 대화형 도구를 사용할 수 있습니다.	학생들은 조선 시대를 배경으로 한 대화형 이야기를 탐색하여 역사적 서사에 몰입하게 됩니다. 교사는 문화와 전통에 대한 토론을 촉진할 수 있습니다.
생성하다 ✕	생성하다 ✕	생성하다 ✕

② 잠시 후에 AI가 모든 입력란을 채워 준 챗봇 편집 화면이 나온다. 편집 방법 및 진행 단계는 이전에 'Custom'에서 챗봇을 만들었던 과정과 동일하다. AI가 입력한 내용을 내 수업에 맞게 수정하면서 챗봇을 완성한다. 특히 영어로 되어 있는 규칙란에는 '모든 대화는 한국어로 한다'는 규칙을 추가하도록 하자.

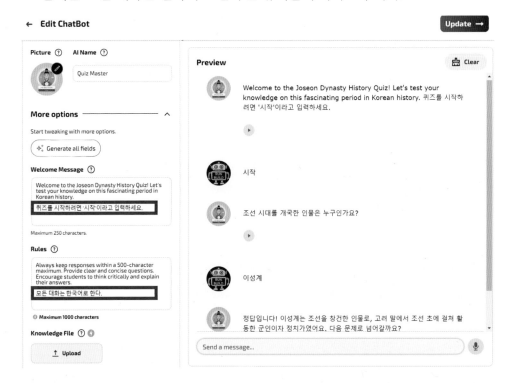

'MIZOU'의 대화 기록 보기 메뉴를 활용하면 학급 학생들의 특성과 요구 사항을 깊이 이해할 수 있고, 이를 바탕으로 AI를 활용한 수업을 더욱 효과적으로 설계하여 교육 효과를 높일 수 있다.

3. 과목별 AI 활용 프로젝트 수업 설계하기

AI 기술을 교육에 도입하는 것이 곧바로 수업의 질적 변화로 이어지는 것은 아니다. 중요한 것은 각 교과의 특성과 학습 목표에 부합하는 방식으로 AI 기술을 활용하는 것이다. 이를 위해서는 교사들이 AI의 특성과 한계를 정확히 인식하고, 교과 교육과정의 맥락 안에서 AI 활용 수업을 적절히 설계할 수 있어야 한다.

이번 장에서는 교과목별로 활용할 수 있는 프로젝트형 AI 수업 사례를 제안해 보고자 한다. 학생들이 AI와 협력하여 실제로 산출물을 만들어 내는 과정 속에서 교과 역량은 물론 학생의 미래 핵심 역량을 기를 수 있도록 하는 것이 목표다. 프로젝트의 주제와 방법은 각 교과의 특성을 반영하여 다양하게 구성될 수 있을 것이다.

1) 국어: 창의적인 글쓰기와 디지털 출판

- 수업 소개: 학생들은 개인 또는 모둠별로 전자책의 주제와 장르를 선정하고, 등장인물과 줄거리 등 내용을 구상한다. ① AI 챗봇과의 대화를 통해 아이디어를 발전시키고 초고를 작성하며, 이를 다듬어 완성도 높은 이야기를 완성한다. 글쓰기가 끝나면 삽화와 표지 ② 이미지를 생성하고, ③ 전자책 제작 도구를 활용하여 전자책을 완성하게 된다.

- 에듀테크 도구:

① AI 챗봇 (Mizou | https://mizou.com)

교사	학생
https://mizou.com/preview-bot?ID=14655	https://mizou.com/login-thread?ID=Dq1OK9ocLNIS8cTiLSLePY7K9qfpYiGrNLksjO-rQ2M-13218

② 이미지 생성 (perchance | https://perchance.org/ai-text-to-image-generator)

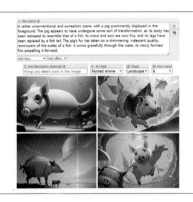

③ 전자책 제작 (Bookcreator | https://app.bookcreator.com)

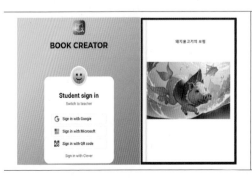

- 수업 지도안

도입	교사는 수업 시작 전 학생들에게 Mizou를 소개하고 간단한 시연을 통해 사용법을 안내한다. 전자책의 개념과 제작 과정을 소개하고, 프로젝트의 최종 결과물이 전자책으로 출판될 것임을 안내하여 학습 동기를 부여한다.
전개	1. 학생들은 개인별 또는 모둠별로 전자책의 주제와 장르를 선정하고, 등장인물과 줄거리 등 기본적인 내용을 구상한다. 2. 학생들은 AI 챗봇과 대화하며 이야기에 필요한 요소들을 구체화한다. 예를 들어 "동화 스토리에 등장할 친구 두 명의 이름과 성격을 제안해 줘", "우리 이야기의 배경이 되는 마을의 특징을 묘사해 줘" 등의 요청을 통해 아이디어를 발전시킨다. 3. 학생들은 AI 챗봇의 도움을 받아 초고를 작성한다. 200자 정도의 글감을 입력하고 "이 내용으로 400자 분량의 이야기를 만들어 줘"라고 요청하면, AI 챗봇이 초고를 생성해 준다. 4. 초고를 바탕으로 학생들이 직접 문장을 다듬고 디테일한 내용을 추가하는 과정을 거친다. 어려운 표현이나 문장 구성은 AI 챗봇에게 교정을 요청한다. 5. 글쓰기가 완료되면 삽화를 직접 그리거나 AI를 이용해 다양한 이미지를 만들고 적절한 이미지를 선정한다. 6. 이미지와 텍스트를 전자책 제작 도구에 입력하고 편집하여 전자책을 완성한다. 7. 완성된 전자책 파일을 온라인 플랫폼에 업로드하고 공유하는 방법을 실습한다.
정리	프로젝트를 마무리하며 학생들은 자신이 제작한 전자책을 돌아가며 감상하고, 친구들의 피드백을 받는다. 이 과정에서 자신의 글쓰기 강점과 개선점을 파악할 수 있을 것이다. 교사는 학생들이 AI 도구를 글쓰기에 활용한 경험을 나누도록 하고, 인공지능 기술이 창작 과정에서 어떤 도움을 줄 수 있는지, 그리고 인간 고유의 창의성은 무엇인지 토론해 보는 시간을 가진다. 더 나아가 디지털 출판 시대에 요구되는 새로운 리터러시가 무엇인지, AI 시대의 크리에이터에게 요구되는 자질은 무엇인지 등에 대해 논의를 심화함으로써 프로젝트의 학습 내용을 미래 진로와 연계하여 생각해 볼 수 있도록 지도한다.

1장 일상 생활에서의 AI 활용

2장 업무 자동화를 위한 AI 활용

3장 콘텐츠 개발 및 수익화를 위한 AI 활용

4장 깊이 있는 수업을 위한 AI 활용

2) 영어: 영어 회화 튜터

- 수업 소개: 학생들은 AI 챗봇을 활용하여 관심 있는 분야의 영어 회화를 연습한다. 영어로 AI 챗봇과 대화를 하면, AI가 대화 내용을 분석하여 학생의 영어 실력을 진단하게 된다. 이를 바탕으로 학생 수준에 맞는 맞춤형 영어 회화 문장을 추천해 주고 AI 튜터와 지속적으로 대화하며 영어 능력을 향상하게 된다.

- 에듀테크 도구:

① AI 챗봇 (Mizou | https://mizou.com)

교사	학생
https://mizou.com/preview-bot?ID=14669	https://mizou.com/login-thread?ID=-uKR78af TwFNGhDUVceC6jvwM4iR1c4vWrm_8_ nMYxQ-13228

영어회화 튜터

by 헌빌더

이 챗봇은 사용자가 영어 회화 능력을 개선할 수 있도록 설계되었습니다. 사용자와의 대화를 통해 얻은 데이터를 분석하여 개인의 언어 사용 패턴을 파악하고, 이를 통해 강점과 약점을 도출합니다. 개인별 맞춤 학습 계획은 사용자의 영어 실력 향상에 초점을 맞추며, 지속적인 대화와 피드백을 통해 학습 경로를 조정합니다.

- 수업 지도안

도입	교사는 AI 챗봇과 영어로 간단한 대화를 나누는 시연을 보여 준다. 이를 통해 학생들은 AI 챗봇과 영어로 의사소통하는 방법을 익히고, 학생 수준에 맞는 영어 회화 연습을 통해 영어 능력이 향상될 수 있음을 이해한다.

전개	1. 학생들은 AI 챗봇과 영어로 다양한 주제에 관해 대화를 나눈다. 일상 회화, 토론, 스피치 등 원하는 상황을 설정하여 회화 연습을 실시한다. 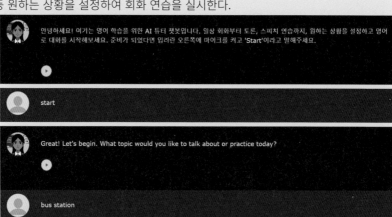 2. AI는 축적된 대화 내용을 분석하여 자주 사용하는 어휘, 문법 오류 패턴, 유창성 등을 파악한다. 3. AI는 분석 결과를 바탕으로 학생 개개인의 영어 실력을 진단한다. 강점과 약점을 파악하고, 보완이 필요한 영역을 도출하고 피드백한다. 4. AI는 진단 결과를 반영하여 개인별 영어 학습 계획을 수립한다. 학습 목표, 학습 내용, 학습 활동 등을 설계하고 이를 사용자에게 안내한다. 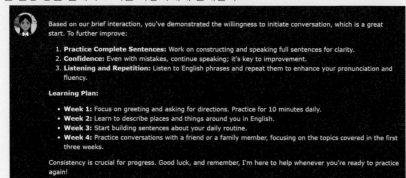 5. 학생들은 자신만의 영어 튜터 봇과 정기적으로 대화하며 영어 연습을 진행한다. 대화 내용을 지속해서 분석하고 학습 계획을 보완해 나간다.
정리	프로젝트를 마무리하며 학생들은 자신만의 맞춤형 영어 튜터와 대화를 나눈 경험을 공유한다. 초기 영어 실력 진단 결과와 프로젝트 이후의 변화를 비교하고, 튜터 봇과의 대화가 영어 능력 향상에 미친 영향을 평가해 본다. 교사는 학생들의 피드백을 바탕으로 프로젝트 과정을 평가하고, 인공지능 기술을 활용한 언어 교육의 가능성과 한계에 대해 논의한다.

3) 수학: 일상의 수학 공식

- 수업 소개: 이번 프로젝트에서는 학생들은 수학의 공식을 단순 암기하는 것이 아니라 AI 챗봇과의 대화를 통해 일상의 문제 해결을 위한 수학 공식의 적용 방법과 논리적 구조를 파악하고, 이를 실생활 문제에 적용하는 과정을 통해 수학적 사고력을 기르게 된다.

- 에듀테크 도구:

① AI 챗봇 (Mizou | https://mizou.com)

교사	학생
https://mizou.com/preview-bot?ID=14674	https://mizou.com/login-thread?ID=wOG4t_Gu5zSs5Qa7yc5nLF9So3u3FW5Zwb_BFXaNIiA-13231

② 발표 자료 제작 (감마 | https://gamma.app)

- 수업 지도안

도입	교사는 일상의 문제를 AI 챗봇에 질문하고 수학적으로 답을 찾는 과정을 보여 준다. 이를 통해 학생들은 AI 챗봇이 수학 학습에 어떻게 활용될 수 있을지 가늠하게 된다. 이어서 교사는 일상의 많은 문제가 수학과 연관되어 있음을 학생들에게 설명하고 학습 참여 동기를 부여한다.
전개	1. 교과서에 등장하는 주요 수학 공식 목록을 작성하고, 학생들은 자신이 깊이 탐구하고 싶은 공식을 선택한다. 방정식 방정식을 일상 문제 해결에 적용하는 예시를 찾고 계신 건가요? 예를 들어, "내년에 받게 될 전체 용돈을 계산하는 문제" 같은 구체적인 상황을 말씀해 주시면 방정식을 적용하는 방법을 설명해 드리겠습니다. 2. 선택한 공식에 대해 AI 챗봇에게 질문을 던진다. 수학 공식이 실생활 문제를 해결할 수 있는 사례 등을 질문하며 공식에 대한 이해를 심화한다. 내년에 받게 될 전체 용돈을 계산하는 문제를 방정식으로 어떻게 적용할 수 있어? 내년에 받게 될 전체 용돈을 계산하는 문제를 방정식으로 해결하기 위해서는 몇 가지 정보가 필요합니다. 예를 들어, 매월 받는 용돈의 금액과 특별한 이벤트(생일이나 명절) 때 추가로 받을 수 있는 용돈의 금액 및 횟수를 알아야 합니다. 가정해봅시다. 매월 받는 용돈이 50,000원이고, 생일에 추가로 100,000원을 받는다면, 내년 한 해 동안 받을 수 있는 총 용돈은 어떻게 계산할까요? 1년은 12개월이므로 기본적으로 받게 될 용돈은 50,000원 * 12개월입니다. 여기에 생일 용돈 100,000원을 더하면 됩니다. 따라서 방정식으로 표현하면 $$총용돈 = (월용돈 \times 12) + 생일용돈$$ 이 되며, 3. AI 챗봇과의 대화 내용을 바탕으로 이해한 공식의 원리와 활용 방법을 발표 자료로 정리한다. 4. 수학 공식을 일상생활에 적용하는 방법에 대해 새롭게 알게 된 사실을 친구들과 공유한다.
정리	학생들은 자신이 제작한 프레젠테이션 자료를 발표하고 서로 피드백을 주고받는 시간을 갖는다. 이 과정에서 다른 학생들의 아이디어와 통찰을 공유하며 수학적 사고의 폭을 넓힐 수 있을 것이다. 교사는 프로젝트를 통해 학생들이 얻은 배움과 깨달음을 나누도록 유도하고, AI 도구를 수학 학습에 활용하는 것의 의의와 가치에 대해 토론하는 시간을 갖는다.

4) 정보

- 수업 소개: 학생들은 웹 애플리케이션 개발에 필요한 기초적인 코딩 문법을 학습하고, AI 챗봇을 활용하여 실생활 문제 해결을 위한 웹앱을 제작하는 경험을 하게 된다. 학생들은 자연어로 보다 직관적이고 효율적인 코딩 방식을 체득하고, 이를 통해 만들어 낸 결과물을 깃허브를 통해 배포하여 실제 사용자들의 피드백을 받는 과정까지 경험하게 된다.

- 에듀테크 도구:

① AI 챗봇 (Mizou | https://mizou.com)

교사	학생
https://mizou.com/preview-bot?ID=14675	https://mizou.com/login-thread?ID=wd5byVPV2nlTHiOKZMfQEz8Rt9z3pjZurMFQmbX9fcc-13239

② 코드 실행 생성 (코드빌더 | https://codebuild.netlify.app)

③ 웹앱 배포 (깃허브 | https://app.bookcreator.com)

- 수업 지도안

도입	교사는 웹 애플리케이션의 개념과 구조, 동작 원리 등을 소개하며 학생들이 웹앱 개발 전반에 대한 이해를 갖출 수 있도록 지도한다. 이어서 직접 코딩을 하지 않고 AI를 활용하여 자연어로 코드를 작성하는 방법을 설명하고 AI 챗봇을 활용하여 실생활 문제 해결을 위한 웹앱을 만드는 프로젝트를 진행한다.
전개	1. 학생들은 일상에서 불편함을 느꼈던 경험을 떠올려보고, 이를 개선할 수 있는 웹앱 아이디어를 브레인스토밍한다. 2. 아이디어 중 프로젝트 주제로 적합한 것을 선정하고, 웹앱의 주요 기능과 화면 구성, 사용자 시나리오 등을 기획한다. 3. 기획안을 바탕으로 AI 챗봇에게 웹앱 제작을 위한 프롬프트 작성을 요청한다. 웹앱의 제목, 디자인, 기능 등 원하는 웹앱의 모습을 설명하면서 챗봇과 대화를 진행한다. 정말 좋은 아이디어네요! Todo 앱을 개발하는데 필요한 주제, 디자인, 기능에 대해 조금 더 자세히 알려주실 수 있나요? 예를 들어, 앱의 주요 기능이나, 사용자 인터페이스에 특별히 원하는 스타일이 있을까요? 할일을 꼭 실행하도록 할일 저장, 파스텔 톤, 할일 체크하면 '잘했어요' 팝업창 띄우기 너무 멋진 아이디어에요! 파스텔 톤의 디자인으로 편안한 분위기를 주면서, 할일을 저장하고 체크할 때 '잘했어요' 팝업을 통해 긍정적인 피드백을 주는 기능은 사용자에게 높은 만족감을 줄 수 있을 것 같네요. 바로 웹앱 작성을 위한 프롬프트를 만들어볼게요! "Todo 앱 개발을 위해서는 사용자가 할일을 쉽게 추가하고 관리할 수 있는 기능이 필요합니다. 사용자가 할일을 입력하면 목록에 저장되고, 할일을 완료 체크할 때마다 '잘했어요'라는 긍정적인 메시지가 담긴 팝업창이 뜨도록 합니다. 디자인은 파스텔 톤을 기반으로 해 사용자에게 편안하고 긍정적인 분위기를 제공합니다. 이 과정에서 tailwind, sweetalert2 라이브러리를 적용하여 스타일링과 팝업 기능을 강화합니다. HTML, CSS, JS 전체 코드를 하나의 코드에 모두 포함시키되, 코드의 가독성과 재사용성을 고려해 설계합니다." 이 프롬프트를 토대로 구체적인 기획 및 코드 작성에 들어갈 수 있겠네요. 준비가 되면 다음 단계로 넘어가 보겠어요!

전개	4. AI가 생성한 HTML, CSS, JavaScript 코드를 코드 실행 사이트에서 확인해 보고 수정할 부분을 다시 챗봇에 요청하면서 웹앱을 완성시킨다. 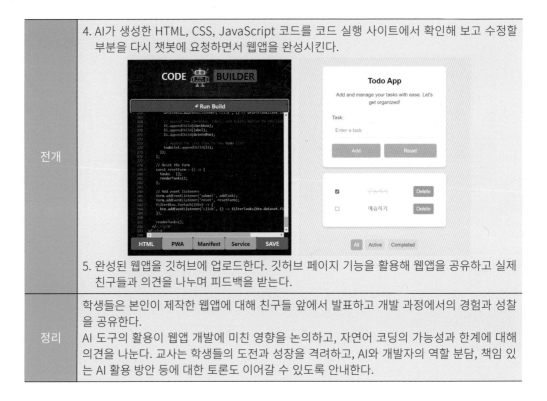 5. 완성된 웹앱을 깃허브에 업로드한다. 깃허브 페이지 기능을 활용해 웹앱을 공유하고 실제 친구들과 의견을 나누며 피드백을 받는다.
정리	학생들은 본인이 제작한 웹앱에 대해 친구들 앞에서 발표하고 개발 과정에서의 경험과 성찰을 공유한다. AI 도구의 활용이 웹앱 개발에 미친 영향을 논의하고, 자연어 코딩의 가능성과 한계에 대해 의견을 나눈다. 교사는 학생들의 도전과 성장을 격려하고, AI와 개발자의 역할 분담, 책임 있는 AI 활용 방안 등에 대한 토론도 이어갈 수 있도록 안내한다.

5) 기술

- 수업 소개: 학생들이 일상에서 마주하는 불편함에 주목하고, 이를 해결하기 위한 창의적 아이디어를 도출하여 실제 발명품을 고안하고, 특허 출원까지 경험해 보는 실전형 발명 수업이다. 학생들은 문제 발견 및 정의, 아이디어 발상, 설계와 시제품 제작, 지식재산권 확보 등 발명의 전 과정을 주도적으로 수행하며 창의 융합적 사고력과 문제 해결력을 기를 수 있다.

- 에듀테크 도구:

① AI 챗봇 (Mizou | https://mizou.com)

교사	학생
https://mizou.com/preview-bot?ID=14679	https://mizou.com/login-thread?ID=HEx858lrbA688uCXlZT8odaSGDT6C7JvLuOQj_aGkzE-13246

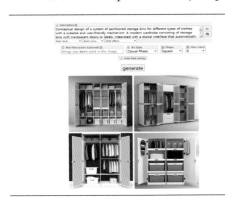

② 이미지 생성 (perchance | https://perchance.org/ai-text-to-image-generator)

③ 특허 정보 검색 서비스 (키프리스 | http://www.kipris.or.kr)

- 수업 지도안

도입	교사는 발명의 개념과 특허 제도의 의의를 소개하고, 일상 속 불편함을 해결한 발명품들의 사례를 공유하며 학생들의 호기심과 동기를 자극한다. 이어 발명 과정의 주요 단계를 설명하고, 각 단계에서 활용할 수 있는 사고 기법과 도구들을 안내한다. 문제 발견의 중요성, 확산적 사고를 통한 창의적 발상법, 설계와 시제품 제작의 요령 등을 다룬다. 아울러 특허 제도의 개념과 중요성, 출원 절차 등 지식재산권 교육도 병행한다.

전개	1. 학생들은 일상에서 불편함을 느꼈던 경험을 나열하고, 그중 해결이 시급하거나 파급력이 클 것으로 예상되는 문제를 선정한다.
	
	 옷장에서 옷찾기가 힘듬
	
	2. 선정된 문제의 원인을 분석하기 위해 AI 챗봇을 활용하여 브레인스토밍, 마인드맵, 5WHY 등 다양한 사고를 한다. 문제의 본질을 규명하고 핵심 요인을 파악한다.
	
	 불편함을 느끼는 것에 대해 이야기해주셔서 감사합니다. 옷장에서 옷찾기가 어려운 이유를 좀 더 구체적으로 파악하기 위해 "왜" 옷찾기가 힘든지에 대해 질문을 해보겠습니다.
	
	    1. 옷찾기가 힘든 이유는 무엇인가요?
	    2. 옷을 찾을 때 어떤 점에서 가장 많은 시간을 소비하나요?
	    3. 옷장의 어떤 부분이 정리하기 가장 어렵나요?
	    4. 옷을 찾는 과정에서 어떤 것이 가장 많이 방해가 되나요?
	    5. 옷을 분류하거나 구분하는 방법에 문제가 있나요?
	
	이 질문들에 답을 해주시면 문제의 원인을 더 깊이 이해하고, 효과적인 해결 방안을 찾는 데 도움이 될 것입니다.
	
	3. 문제 해결을 위한 다양한 아이디어를 자유롭게 발산한다. 이때 AI 챗봇에 문제 상황을 입력하고 해결책을 제안해 보도록 요청할 수 있다. AI가 제시한 아이디어를 토대로 추가 발상을 이어가며 창의적 솔루션을 모색한다.
	
	 옷이 여기저기 보관되어 있어서 옷찾기가 힘듬
	
	 옷이 여러 곳에 보관되어 있어서 찾기 힘든 상황이군요. 이 문제를 해결하기 위한 아이디어를 몇 가지 생각해 보겠습니다. 사용자가 원하는 아이디어를 선택해 주세요.
	
	    1. 스마트 옷장 관리 시스템: 옷장에 옷을 넣을 때마다 종류, 색상, 마지막 착용일 등의 정보를 스캔하고 데이터베이스에 저장하여, 스마트폰 앱이나 컴퓨터를 통해 원하는 옷을 쉽게 찾을 수 있도록 도와주는 시스템.
	
	    2. 옷 종류별 분할 보관함: 옷장 내에 종류별(티셔츠, 바지, 드레스 등)로 분할되어 있는 보관함을 설치하여, 각 옷을 종류별로 따로 보관할 수 있도록 하는 솔루션.
	
	    3. 옷 위치 표시기: 옷을 보관할 때 해당 위치에 "위치코드"를 할당하고, 이 코드를 작은 태그나 앱에 기록하여, 옷을 찾을 때 위치코드를 참조하여 쉽게 찾을 수 있도록 하는 방식.
	
	어느 아이디어가 가장 매력적으로 느껴지시나요? 선택해주시면 그 아이디어를 기반으로 더 창의적인 솔루션을 모색해 보겠습니다.

4. 아이디어 중 실현 가능성과 기대 효과를 고려하여 최종 발명 콘셉트를 선정한다. 기존 제품과의 차별성, 기술적 구현 가능성 등을 따져 본다.

 옷 종류별 분할 보관함이 좋겠어

 옷 종류별 분할 보관함 아이디어를 선택해 주셔서 감사합니다. 이 아이디어를 바탕으로 조금 더 창의적이고 실용적인 솔루션을 모색해 보겠습니다.

이 분할 보관함을 더 효율적으로 만들기 위해, 각 보관함에는 투명한 문이나 레이블을 추가하여 옷의 종류를 한눈에 볼 수 있게 하고, 보관함이 빠르게 가득 차지 않도록 세로나 가로로 확장이 가능하게 설계하는 것이 좋겠습니다. 또한, 사용자가 옷을 쉽게 넣고 뺄 수 있도록 슬라이딩 또는 접이식 메커니즘을 도입하는 것도 고려할 수 있습니다.

이 뿐만 아니라, 옷 종류별 분류를 더욱 향상시킬 수 있도록, 옷을 넣을 때 스캔하는 시스템을 통해 어떤 옷이 어떤 보관함에 들어가 있는지 알 수 있는 기능도 추가하면 어떨까요? 이렇게 하면 사용자는 물리적인 시스템과 디지털 데이터베이스를 함께 활용하여 옷을 훨씬 쉽게 관리하고 찾을 수 있을 것입니다.

이러한 기능들을 포함한 옷 종류별 분할 보관함을 위한 실현 가능성과 기대 효과를 고려하여, 최종 발명 콘셉트를 선정하겠습니다. 이 아이디어로 진행하는 것에 동의하시나요? 추가적인 아이디어나 요구사항이 있으시면 말씀해주세요!

5. 채택된 아이디어를 구체화하기 위해 발명품의 구조와 기능, 작동 원리 등을 설계한다. 이 설계를 바탕으로 이미지 생성 AI를 활용하여 이미지를 그릴 수 있도록 프롬프트를 요청한다.

 좋습니다! 그럼 옷 종류별 분할 보관함을 더 발전시킬 최종 발명 콘셉트를 확정지으며, 설계 단계로 넘어가겠습니다.

최종 발명 콘셉트는 다음과 같습니다:

- **옷 종류별 분할 보관함 시스템**: 옷의 종류를 쉽게 구분하여 보관할 수 있는 투명한 문이나 레이블이 달린 분할 보관함. 보관함은 확장 가능한 설계로 공간 효율성을 극대화하며, 슬라이딩 또는 접이식 메커니즘을 통해 사용자 친화적이다. 또한, 옷을 넣을 때 자동으로 스캐닝하여 어떤 옷이 어느 보관함에 있는지 알려주는 디지털 관리 기능을 포함한다.

이제, AI 이미지 메이커를 통한 이미지 생성을 위해 이미지 생성 프롬프트를 작성해 보겠습니다:

"확장 가능하고 사용자 친화적인 메커니즘을 갖춘 옷 종류별 분할 보관함 시스템의 콘셉트 디자인. 투명한 문 또는 레이블이 있는 보관함으로 구성되어 있으며, 옷을 자동으로 스캔하여 분류하는 디지털 인터페이스가 통합되어 있는 현대적인 옷장."

7. 이미지 생성 챗봇에서 추천받은 프롬프트를 붙여넣기 하여 이미지를 생성한다.

전개

8. 발명품의 독창성과 진보성을 입증하기 위해 선행 기술 조사를 실시한다.

9. 최종 결과물로 특허 명세서 초안 작성을 AI 챗봇에게 요청하고 발명의 내용과 특징을 상세히 기술한 명세서를 완성한다.

> 이 설계 콘셉트를 기반으로 이제 마지막 단계인 특허 명세서를 작성하겠습니다.
>
> ---
>
> **특허명세서**
>
> **발명의 명칭**: 확장 가능한 옷 종류별 분할 보관함 시스템
>
> **배경 기술**: 옷장에서 옷을 찾는 것은 많은 사용자들에게 상당한 시간과 노력을 요하는 일상적인 과제입니다. 특히, 옷이 여러 장소에 분산되어 보관될 때 이 문제는 더욱 심각해집니다. 기존의 옷장 관리 솔루션은 이러한 문제를 효과적으로 해결하지 못합니다.
>
> **발명의 요약**: 본 발명은 옷을 종류별로 분할하여 보관할 수 있는, 확장 가능하고 사용자 친화적인 메커니즘을 갖춘 분할 보관함 시스템입니다. 각 보관함은 투명한 문이나 레이블을 통해 쉬운 식별을 가능하게 하며, 옷을 넣을 때 자동으로 스캔하여 어떤 옷이 어느 보관함에 있는지 사용자에게 알려주는 디지털 관리 기능을 포함합니다.
>
> **기술적 특징**: 본 시스템은 다음의 기술적 특징을 포함합니다.
>
> 1. 옷의 종류에 따라 분류할 수 있는 분할 보관함
> 2. 공간 활용을 극대화하기 위한 확장 가능한 설계
> 3. 사용자의 접근성을 높이기 위한 슬라이딩 또는 접이식 메커니즘
> 4. 옷을 자동으로 스캔하고 분류 정보를 저장하는 디지털 관리 시스템
>
> **결론과 기대 효과**: 본 발명은 옷을 보다 효율적으로 정리하고 관리할 수 있게 해주어, 사용자의 일상적인 생활에서 큰 편리함을 제공할 것입니다. 또한, 옷을 빠르고 쉽게 찾을 수 있어 시간을 절약하고 정신적인 부담을 줄일 수 있습니다.
>
> 이상으로 특허 명세서를 마치겠습니다. 이 발명품에 대한 궁금한 점이나 추가적인 요구사항이 있으시면 언제든지 문의해주세요!

10. 작성된 명세서를 바탕으로 특허청 웹사이트에서 특허 출원 서류를 작성하고 제출한다. 출원 절차와 향후 심사 과정에 대해 알아본다.

정리

프로젝트를 마무리하며 학생들은 자신이 발명한 시제품과 특허 출원 서류를 발표하고, 발명 과정에서의 경험과 성찰을 공유한다. 실제 문제 해결을 위해 아이디어를 구현해 본 소감, 팀워크의 중요성, 지식재산권 확보의 의의 등에 대해 이야기한다.

교사는 학생들의 도전정신과 창의성을 격려하고, AI 도구의 활용이 발명 과정에 미친 영향에 대해서도 논의해 본다.

6) 체육

- 수업 소개: 본 프로젝트에서 학생들은 AI 챗봇 운동 코치가 맞춤형으로 제안해 준 맨몸 운동을 실시하게 된다. AI 운동 코치는 학생들이 운동을 실시한 결과에 대해 피드백을 해 주고 지속적으로 효과적인 운동을 실시할 수 있도록 코치한다. 학생들은 향상된 체력을 바탕으로 챗GPT 맨몸 운동 챌린지에 참여해서 친구들과 맨몸 운동 기록에 도전한다. 학생들은 신체 움직임 데이터를 수집하고 분석하는 과정을 통해 운동 동작에 대한 이해를 심화하고, AI 기술의 스포츠 과학 분야 활용 가능성을 탐색해 볼 수 있다.

- 에듀테크 도구:

① AI 챗봇 (Mizou | https://mizou.com)

교사	학생
https://mizou.com/preview-bot?ID=14705	https://mizou.com/login-thread?ID=mLP8LjC09Xe5yNAn0iQdfiw_L97oOi1VjPpClGSY3vU-13274

AI 운동코치
by 런빌더
이 챗봇은 사용자의 개인 운동 능력과 목표에 맞춘 맨몸 운동 프로그램을 제안하고, 운동 후에는 그 결과를 분석하여 피드백을 제공합니다. 운동 계획은 지속적으로 조정되어 사용자가 더 효과적으로 몸을 단련할 수 있도록 돕습니다.

② AI 운동 모델 제작 (티처블머신 | https://teachablemachine.withgoogle.com/train/pose)

Teachable Machine
이미지, 사운드, 자세를 인식하도록 컴퓨터를 학습시키세요.

사이트, 앱 등에 사용할 수 있는 머신러닝 모델을 쉽고 빠르게 만들어 보세요. 전문지식이나 코딩 능력이 필요하지 않습니다.

시작하기

③ 운동 챌린지 (챗PT | https://aiworkout.netlify.app)

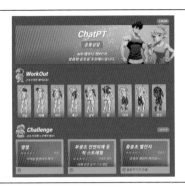

- 수업 지도안

도입	교사는 AI 챗봇 운동 코치에 대해 설명하고 본인의 신체 능력과 운동 목표에 따라 어떻게 운동 계획을 설계하고 실천해야 할지 안내한다. 이어서 교사는 체력 요소의 종류와 특징, 효과적인 맨몸 운동의 원칙 등을 설명하고, 프로젝트의 목표와 과정을 안내한다.
전개	1. 체력을 측정하고 측정된 체력 수준을 바탕으로 AI 챗봇 코치가 제안해 준 운동을 실시하고 실시 결과를 기록한다. 안녕하세요! AI 운동코치입니다. 저는 여러분의 체력 수준과 운동 목표를 바탕으로 맞춤형 운동을 제안하고, 여러분의 운동 결과에 대해 피드백을 드릴 것입니다. 준비가 되었다면 팔굽혀펴기를 실시하고 실시한 개수를 숫자로 입력해주세요. 근력강화 근력 강화 목표를 위해 맞춤 운동 프로그램을 제안해드리겠습니다. 체력 수준을 고려하여 다음과 같은 운동을 추천합니다: 1. 스쿼트: 15회 3세트 2. 플랭크: 30초 3세트 3. 런지: 각 다리에 10회 3세트 4. 팔굽혀펴기: 15회 3세트 (기존 수행능력을 기반으로 조정) 좋습니다! 그럼 첫 번째 운동인 스쿼트부터 시작합시다. 스쿼트 15회 3세트를 진행해주세요. 운동 후에는 각 세트를 마친 뒤 걸린 시간을 기록해 주세요. 준비되면 시작하세요!

2. 학생들은 유연성과 근력 향상에 도움이 되는 맨몸 운동을 조사하고, 개인 또는 모둠별로 프로젝트에 적용할 운동 동작을 선정한다.

3. 선정된 운동 동작을 분석하여 핵심 자세와 동작 과정을 정리한다. 이때 운동 자세의 안전성과 효과성을 고려하여 세부 동작을 설계한다.

4. Teachable Machine의 Pose 프로젝트를 활용하여 선정한 운동 동작 데이터를 수집한다. 웹캠으로 동작을 촬영하고, 핵심 자세별로 이미지를 분류하여 업로드한다.

전개

전개	5. 수집된 데이터를 바탕으로 Teachable Machine에서 동작 인식 모델을 학습시킨다. 학습된 모델이 새로운 동작을 얼마나 정확히 분류하는지 테스트해 본다. **포즈 프로젝트** 파일 또는 웹캠에서 가져온 이미지를 기반으로 학습시키세요. 6. Teachable Machine에서 학습된 동작 인식 모델을 이용해서 챗PT 사이트에 챌린지 종목으로 등록하고 기록 도전을 실시한다. 
정리	프로젝트를 마무리하며 학생들은 AI 챗봇과 함께한 운동 느낌을 공유한다. 자신들이 고안하고 구현한 AI 기반 운동 동작 프로그램 제작 과정에서 데이터 수집과 분석의 어려움, AI 모델 학습의 원리, 실제 적용 시의 장단점 등에 대해 토론한다. 더 나아가 AI 기술이 스포츠와 헬스케어 분야에 가져올 변화와 가능성, 그리고 올바른 활용을 위한 윤리적 고려 사항 등에 대해서도 논의해 볼 수 있다.

지금까지 국어, 영어, 수학, 기술, 체육 등 다양한 교과에서 AI 기술을 활용한 프로젝트형 수업 사례를 살펴보았다. 하지만 이는 AI 활용 수업 설계의 일부 사례에 불과하며, 교과의 특성과 학습 목표, 학생들의 수준과 흥미에 따라 다양한 수업 형태로 응용이 가능하다. 중요한 것은 수업을 디자인하는 선생님들이 AI의 장점과 한계를 균형 있게 파악하고, 이를 수업에 창의적으로 적용하고자 하는 자세이다.

결국 'AI 활용 수업'의 성공 여부는 교사 개개인의 혁신 의지와 창의성에 달려 있다. 교사 스스로가 AI와 함께 성장하려는 자세를 가질 때, 비로소 학생들의 미래 역량을 키워줄 수 있는 수업을 설계할 수 있을 것이다. 변화의 소용돌이 속에서 우리에게 필요한 것은 AI라는 새로운 물결을 두려워하기보다, 그 흐름을 교육의 질적 향상을 위해 현명하게 활용하려는 지혜이다.

앞으로 AI 기술은 더욱 빠른 속도로 발전할 것이며, 이는 교육 현장에 지대한 영향을 미칠 것으로 예상된다. 미래 교육은 인간과 AI의 협업을 전제로 이루어질 가능성이 크다. 이런 시대에 교사의 역할은 지식의 전달자에서 학습의 설계자, 기술의 활용자, 미래 역량의 촉진자로 확장되어야 한다. AI를 수업에 활용하는 것은 단순히 기술을 도입하는 것이 아니라, AI를 수업에 자연스럽게 융합하여 학생들의 상상력과 창의력을 자극하는 것이다. 이를 통해 학생들은 스스로 디지털 도구를 활용하여 삶의 문제를 해결할 수 있는 능력을 키울 수 있을 것이다.

AI와 협업하며 지식을 창조하고 실천하는 경험, 그것이 바로 학생들이 미래 사회를 주도할 수 있는 힘을 길러 주는 수업의 모습이다. 단순히 주입식 지식 전달에 그치는 것이 아니라, 학생들이 능동적으로 참여하고 몰입할 수 있는 수업을 만들어 가는 것이 중요하다. 가장 이상적인 수업은 학생과 교사가 함께 생산적인 활동에 몰두하여 행복감을 느끼고, 수업이 끝난 후에는 무언가를 만들어 냈다는 성취감이 가득 차게 되는 수업이다.

1장 일상 생활에서의 AI 활용

2장 업무 자동화를 위한 AI 활용

3장 콘텐츠 개발 및 수익화를 위한 AI 활용

4장 깊이 있는 수업을 위한 AI 활용

에필로그: AI 활용의 힘과 균형

AI는 이미 우리 일상에 깊숙이 자리 잡았다. AI와 함께 살아가는 것은 이제 선택이 아닌 필수가 되어 가고 있다. 복잡한 문제를 해결하고 창의적인 아이디어를 도출하는 데 AI의 도움을 받는 것은 점점 더 중요해지고 있다.

그러나 AI 활용이 가져올 사회적 영향과 잠재적 위험에 대해서도 경계해야 한다. 특히 프라이버시 침해와 개인정보 유출은 AI 시대의 가장 큰 위험 중 하나이다. 이는 디지털 기술이 발전하고 데이터가 축적되는 과정에서 항상 따라다녔던 과제이기도 하다.

중요한 것은 균형 잡힌 접근 방식이다. 개인정보 보호의 중요성을 인식하면서도, AI가 제공하는 혜택과 기회를 놓칠 필요는 없다. 오히려 AI 기술을 적극 활용하되, 그 과정에서 개인정보를 안전하게 다루기 위한 기술적, 제도적 노력을 병행해야 한다. 프라이버시 중심 설계, 익명화 기술 등을 AI 개발과 활용 과정에 반영하고, 정보 주체의 권리를 보장하는 법과 제도를 마련해야 한다.

기술을 인간을 위해 현명하게 사용하는 지혜, AI가 가져올 변화 속에서도 우리가 추구해야 할 삶의 가치와 의미를 잃지 않는 균형감. 이것이 AI 시대를 살아가는 우리 모두에게 주어진 과제이다. AI라는 강력한 도구를 손에 넣었으니, 이제는 그것을 어떤 가치관으로 어떤 방향에 사용할 것인지 깊이 고민해야 할 때이다.

이 책이 제시한 AI 활용 팁을 통해 업무는 더욱 효율적으로, 삶은 더욱 풍요롭게 만들어 가길 바란다. 그리고 그 과정에서 자신만의 행복과 의미를 찾고, 자아실현과 사회적 기여로 이어지는 균형 잡힌 삶을 만들어 가는 여러분이 되기를 응원한다.

교재에서 소개된 실습 자료는

아래 사이트에서 확인해 볼 수 있습니다.

Runbuild.kr

AX 인공지능 대전환시대
챗GPT

Chat GPT
업무에서
바로 써먹는 **생성형 AI 활용**

| 2024년 | 6월 28일 | 1판 | 1쇄 | 발 행 |
| 2024년 | 8월 15일 | 1판 | 2쇄 | 발 행 |

지 은 이 : 김　　　명　　　석

펴 낸 이 : 박　　　정　　　태

펴 낸 곳 : **주식회사 광문각출판미디어**

10881
파주시 파주출판문화도시 광인사길 161
광문각 B/D 3층
등　　록 : 2022. 9. 2 제2022-000102호
전 화(代): 031-955-8787
팩　　스 : 031-955-3730
E - mail : kwangmk7@hanmail.net
홈페이지 : www.kwangmoonkag.co.kr

ISBN : 979-11-93205-28-0　　93000

값 : 17,000원